ユダヤ教の祈り

祈禱文と解説

吉見崇一

[編訳]

教文館

はじめに

　ふとした偶然で私は若き日にイスラエルに渡った。そこに長く滞在しているうちに、期せずしてユダヤ教というものと接することになった。やがて、この世界には「スィドゥール」と称する祈禱書があることに気が付いた。それには定型の祈りが沢山記載されている。いつしかそれに興味を覚えるようになった。その内容、つまりユダヤ教の祈りを紹介するのが本書の目的である。

　2001 年から 2007 年にかけて、「ユダヤ教の祈り　訳出の試み」と題して、日本イスラエル文化研究会（後に「日本ユダヤ学会」と改称）の機関誌「ユダヤ・イスラエル研究」に 5 回にわたり発表する機会があった。本書はそれを基にさせていただいた。「訳出の試み」とお断りしたのだが、試みの名に相応しく誤訳などが多い出来栄えだった。この度は、その誤りなどを、かなり訂正できたと思うし、また新しく訳出したものを加えることができた。

　なお、石川耕一郎訳著『ミシュナ　ベラホート』[1]は大変参考になった。ベラホート（ブラハの複数形）とは、「祝福」、「祈り」のことである。「ベラホート」はミシュナ[2]の第 1 巻「ズライーム」の最初の篇[3]である。すなわちミシュナの冒頭に位置している。そのことはユダヤ教が「ベラホート」に与えた敬意を表すとされる。ユダヤ教の中心的な祈りであるシュマアやシュモネ・エスレ、食事時の祈りなどを巡る議論がベラホートの内容をなす。この本にはミシュナ本文の翻訳の他に独自の「解説」があり、「ユダヤ教の礼拝と祈り」に言及し、ユダヤ教の主要な祈りが紹介・翻訳されている。「ベラホート」を理解する上で必要だからである。

　手島佑郎著『ユダヤ教入門』[4]にも大いに助けられた。「安息日を通して知るその内面生活」という副題が付くのだが、安息日の祈りが多数紹介されている。そのなかには、週日（平日）の祈りも多く含まれている。残念なのは、手島氏の著書も上の石川氏の作品も、広く世間に流布して多くの読者を

得たとは思えないことである。出版部数が僅少だったと推察されるからである。

　さて具体的な作業は、手元のスィドゥールの中から主要な祈りは勿論のこと、そうでないものもできるだけ多く選び出すことであった。強調したいのは、本書の目的はユダヤ教の祈禱書の説明ではなくて、そこに収まっている祈りの紹介である。

　紹介する祈りの配列については、例えば、祈りの名称の頭の音を50音順あるいはアルファベット順に並べることも考えられた。実は上述の「ユダヤ・イスラエル研究」の「訳出の試み」においては、当初ほとんど何の基準もなく、まさに適当に並べた。主要な祈りを、20か30も紹介すれば目的は果たせると思っていたようだ。しかし、回を重ねるに連れ、祈りの数が増え、ついには70以上にもなった。それらを何かの基準で整列する必要を覚え、結局スィドゥールの構成に倣って祈りを配置して表にした。まさに大方のスィドゥールよろしく、朝の祈り、午後の祈り、夕の祈り、安息日の祈り、祝祭日の祈り、その他の祈り、と大別し、配置したのである。

　本書もその要領を踏襲する。しかし配置が容易でないものもあった。ある特定の祈りが、祈禱書によって異なるところに配置され、しかも位置付けの理由が、部外者である訳者には、容易に納得できない場合も多々ある。しかたがないので文字通り「適当」な場所に置いたものもある。だからこそ個々の祈りは、配置にあまり関係なく読まれるべきである。

　でき上がったものは結果として訳者流のスィドゥールとなったが、このようなスィドゥールすなわち「祈禱書」が現実に存在するわけではない。図らずもちょうど100余りの祈りを取り上げることとなった。

　長い年月をかけて蓄積されて来たユダヤ教の祈りの多くは詩文である。もちろんひとつの形に収まるものではない。旧約の詩篇の詩文をそのまま祈りとして取り入れたものもあれば、散文もある。これらをその文体のニュアンスまで翻訳するにはヘブライ語の知識と日本語の豊富な語彙と、巧みな表現力が必要であろう。しかし訳者にはとてもその能力はない。ここで私がめざすのは、主に伝統的なユダヤ教の祈りの内容を、限りなく散文に近い日本語でではあるが、翻訳して紹介することである。一体、ユダヤ教は、何を、ど

う祈っているのかを紹介することである。

　煩わしい説明や注はわきにおいて、とりあえず祈りの本文を読んでいただ
けたら幸いである。

　1）　エルサレム宗教文化研究所（エルサレム文庫 3）、1985 年。
　2）　紀元 200 年頃に集成された、口伝律法を成文化した文書。ミシュナをめぐる議論がグ
　　　マラと呼ばれるもので、その 2 つがタルムードを構成する。
　3）　石川氏は「ゼライーム」を第 1 篇としているが、訳者は便宜上それを第 1 巻と呼び、「ベ
　　　ラホート」を第 1 篇とさせていただく。この呼称に従うとミシュナは 6 巻、63 篇からな
　　　るということになる。なお「巻」と言わず「部」ということもある。
　4）　エルサレム宗教文化研究所（エルサレム文庫 7）、1986 年。

שְׁמַע יִשְׂרָאֵל יְהֹוָה אֱלֹהֵינוּ יְהֹוָה | אֶחָד:

בלחש: בָּרוּךְ שֵׁם כְּבוֹד מַלְכוּתוֹ לְעוֹלָם וָעֶד: עד כאן

וְאָהַבְתָּ יכוין לקיים מצות עשה של אהבת ה' אֵת יְהֹוָה אֱלֹהֶיךָ בְּכָל־
לְבָבְךָ וּבְכָל־נַפְשְׁךָ וּבְכָל־מְאֹדֶךָ: וְהָיוּ הַדְּבָרִים
הָאֵלֶּה אֲשֶׁר אָנֹכִי מְצַוְּךָ הַיּוֹם יפסיק מעט עַל־לְבָבֶךָ: וְשִׁנַּנְתָּם
לְבָנֶיךָ וְדִבַּרְתָּ בָּם בְּשִׁבְתְּךָ בְּבֵיתֶךָ וּבְלֶכְתְּךָ בַדֶּרֶךְ
וּבְשָׁכְבְּךָ וּבְקוּמֶךָ: וּקְשַׁרְתָּם לְאוֹת עַל־יָדֶךָ כשיאמר על יד
ימשמש בתפילין של יד וְהָיוּ לְטֹטָפֹת בֵּין עֵינֶיךָ כשיאמר בין עיניך ימשמש
בתפילין של ראש : וּכְתַבְתָּם עַל־מְזוּזוֹת בֵּיתֶךָ וּבִשְׁעָרֶיךָ:

וְהָיָה אִם־שָׁמֹעַ תִּשְׁמְעוּ אֶל־מִצְוֹתַי אֲשֶׁר אָנֹכִי מְצַוֶּה
אֶתְכֶם הַיּוֹם יפסיק מעט לְאַהֲבָה אֶת־יְהֹוָה אֱלֹהֵיכֶם
יבטא היטב את העי"ן וּלְעָבְדוֹ בְּכָל־לְבַבְכֶם וּבְכָל־נַפְשְׁכֶם:
וְנָתַתִּי מְטַר־אַרְצְכֶם בְּעִתּוֹ יוֹרֶה וּמַלְקוֹשׁ וְאָסַפְתָּ דְגָנֶךָ
וְתִירֹשְׁךָ וְיִצְהָרֶךָ: וְנָתַתִּי עֵשֶׂב בְּשָׂדְךָ לִבְהֶמְתֶּךָ וְאָכַלְתָּ
וְשָׂבָעְתָּ: הִשָּׁמְרוּ לָכֶם פֶּן־יִפְתֶּה לְבַבְכֶם וְסַרְתֶּם
וַעֲבַדְתֶּם אֱלֹהִים אֲחֵרִים וְהִשְׁתַּחֲוִיתֶם לָהֶם: בלחש: וְחָרָה
יפסיק מעט אַף־יְהֹוָה בָּכֶם וְעָצַר אֶת־הַשָּׁמַיִם וְלֹא־יִהְיֶה
מָטָר וְהָאֲדָמָה לֹא תִתֵּן אֶת־יְבוּלָהּ וַאֲבַדְתֶּם מְהֵרָה
מֵעַל הָאָרֶץ הַטֹּבָה בקול רם: אֲשֶׁר יְהֹוָה נֹתֵן לָכֶם: וְשַׂמְתֶּם
אֶת־דְּבָרַי אֵלֶּה עַל־לְבַבְכֶם וְעַל־נַפְשְׁכֶם וּקְשַׁרְתֶּם

「聞け、イスラエルよ（シェマア）」の祈り
（出典：『アボダット・ハレブ（心の礼拝）』のスィドゥール）

目　次

はじめに　　*3*

編集の方針　　*13*

序に代えて　〜スィドゥールとは〜　　*19*

1　暁の祈り　*25*

私は感謝します　*26*
手の浄め　*26*
（人を）形創られた方　*27*
ツィツィットの着用　*28*
これらは（規定のない）事柄である　*29*
我が神よ、魂は　*30*
トーラーの祝福　*30*
主なるあなたは祝福されますように　*31*

2　朝の祈り　*35*

何と素晴らしいことか　*35*
タリットの着用　*36*
トゥフィリンの装着　*37*
世界の主よ　*38*

〈信仰の 13 箇条〉　*39*

信仰の 13 箇条　*40*
高められますように　*41*
私は信じます　*43*

光を造る方　*44*

〈数々の讃美の句〉　*45*

7

言われた方は祝福されますように　　46

幸いなことか　47

海の歌　48

（御名が）賛美されますように　　49

豊かな愛　49

永遠の愛　50

聞け、イスラエルよ　51

真実で揺るぎなく　53

立　禱（18連禱）　55

聖　別　62

祭司の祝福　63

祭司の祝福（ビユート）　64

私の神よ、お守りください　67

〈嘆願〉　68

懺　悔　68

我らは罪を犯しました　69

神よ、怒るに遅い方　71

彼（神）は憐れみ深く　72

イスラエルを守る方よ　74

我々は分からないのです　75

（贖う方が）シオンへ来られる　76

我らの神のような方はいません　79

（主を）賛美するのは我らの務めです　80

3　午後の祈り　82

4　夕の祈り　83

夕べをもたらす方　83

真実で確かです　84

誰が、あなたのようでありましょう　85

我らを横たわらせてください　86

御使いよ　87

8

5 寝床での「聞け、イスラエルよ」 *88*

　　世界の支配者よ *88*

　　（眠りの縛りを）投げかける方 *89*

　　聞け、イスラエルよ *90*

6 安息日 *91*

　　魂の愛しいものよ *91*

　　〈安息日のお迎え〉 *92*

　　　　詩篇 95-99 篇、および 29 篇 *93*

　　　　詩篇 92、93 篇 *93*

　　　　どうぞ、御力によって *93*

　　　　さあ行きましょう、私の愛する者よ *94*

　　　　何をもって（ランプを）灯していいか *97*

　　　　主なる神よ *99*

　　　　休まれた神へ *101*

　　　　安息日前夜の聖別 *102*

　　　　あなたがたに平安があるように *103*

　　有能な妻 *104*

　　すべて生けるものの魂 *105*

　　〈トーラーの取り出し〉 *107*

　　　　（契約の箱が）進むとき *107*

　　　　（主の）御名は祝福されますように *108*

　　　　救いよ、起きよ *109*

　　　　祝福した方 *110*

　　〈安息日明け〉 *111*

　　　　分け隔て *112*

　　　　分け隔てる方 *113*

　　主はヤコブに語られた *115*

　　預言者エリヤ *117*

　　〈安息日の「立禱」〉 *121*

　　　　（安息日の夕の祈りの）立禱 *121*

（安息日の朝の祈りの）立禱　*122*

（安息日の追加の祈りの）立禱　*123*

（安息日の午後の祈りの）立禱　*124*

7　新　月　*126*

新月の祝福　*126*

月の聖別　*127*

8　赦　し　*129*

我らを赦してください　*129*

神よ、怒るに遅い方　*130*

（玉座に）座る王なる神よ　*130*

父が（子たちを）慈しむように　*130*

我らの声を聞いてください　*131*

我らは罪を犯しました　*133*

我らに答えてください　*133*

9　新年と懺悔の 10 日間　*137*

（主なる）あなたは（すべての罪を）投げ込まれる　*137*

誓いの取り消し　*138*

我らの父、我らの王よ　*140*

我らは（その）正当性を宣言しましょう　*143*

10　贖罪の日　*146*

（罪の）贖い　*146*

我らは罪を犯しました　*147*

罪を（許してください）　*147*

すべての誓いを（遺憾に思います）　*150*

11　その他の祝祭　*152*

奉献の祭り　*152*

砦よ、岩よ　*152*

（ハヌカの）奇跡について（感謝します）　*154*

　　　プーリーム　*155*

　　　　　（プーリームの）奇跡について（感謝します）　*156*

　　　〈3つの巡礼の祭り〉　*157*

　　　　過ぎ越しの祭り　*157*
　　　　七週の祭り　*158*
　　　　仮庵の祭り　*159*
　　　　　かりいお

12　新しい記念日　*161*

　　　ナチス迫害記念日　*161*
　　　　　ショアの殉難者の追悼　*162*
　　　　　　　じゅんなん
　　　　　ショアの（犠牲者の）亡骸の追悼　*163*
　　　　　　　　　　　　　なきがら

　　　戦没兵士追悼記念日と独立記念日　*165*
　　　　　（イスラエル国防軍の戦没兵士）追悼記念日の祈り　*165*
　　　　　国の安寧の祈り　*166*
　　　　　希　望　*167*

13　食べ物の祝福　*169*

　　　食べ物を与える方の祝福　*169*
　　　大地の祝福　*170*
　　　エルサレムの建設　*171*
　　　善きものにして善をなす方　*172*
　　　慈悲深い方　*172*
　　　3つの場合の祝福　*174*

14　人の死、埋葬、追悼、墓参　*176*

　　　死の床の告白　*176*
　　　（死者の）横たえ　*177*
　　　（神の）裁きの受け入れ（長い版）　*179*
　　　（神の）裁きの受け入れ（短い版）　*181*
　　　埋葬後のカディッシュ　*182*

〈（死者の）魂の追悼〉　*183*

　（神が）覚えてくださるように　*184*
　慈愛に満ちる神よ　*184*
　慈愛なる父よ　*184*
　墓参りの祈り　*186*

15　その他の祈り　*187*

〈カディッシュ〉　*187*

　半カディッシュ　*188*
　孤児のカディッシュ　*189*
　満カディッシュ　*190*
　我らの師匠たちのカディッシュ　*191*

〈ハレール〉　*192*

　ハレール　*192*
　大ハレール　*193*

割礼（の祈り）　*194*
長子の贖い（の祈り）　*196*
旅立ちの祈り　*197*

あとがき　*199*

付　録　*201*
　１）訳者所蔵のスィドゥールの紹介　*201*
　２）カトリックの祈禱書　*204*
　３）聖公会の祈禱書　*204*
　４）『シドゥール〈祈りのポケットブック〉』　*205*
　５）ギリシア正教の祈禱書　*205*
　６）イスラムの祈り　*206*

　「立禱」の19の祈り一覧　*208*

索　引　*209*

編集の方針

　祈りの名称は、ユダヤ教の長い歴史を通して定着しているものもあれば、不明なものもある。不明の場合は、便宜的に、その祈りの冒頭部分の言葉（幾つかの単語）などを適当に採って、とりあえず名称とした。実際、ユダヤ教の祈りの名称の多くは、祈りの冒頭のひとつ、ないし2つ、場合によっては3つの語句が、いつとはなしに名称になって定着したように見受けられる。命名の仕方がそうであるから、名称が、その祈りの内容を伝えていない場合が多々ある。

　祈りのヘブライ語（と若干のアラム語）の名称をカタカナとローマ字（ラテン文字）で表記したが、できるだけ原語の単語の意味を説明した。見慣れない、また聞き慣れないカタカナ（とローマ字）で表記された名称に意味を添えて潤いを与えるのが目的である。

　ヘブライ語のローマ字表記について、例えばキドゥーシュは kiddush と表すことが多いが、kidush もある。前者、すなわち d を重ねるのには理由があるのだが、簡潔で短い方、すなわち後者を採用した。
　しかし必ずしも方針を貫徹できたわけではない。よく知られているシャバットという言葉は、ヨーロッパ諸語の中に shabat の表記が僅かながらあるが、shabbat と表記されることがほとんどである。ここは多数に従う。
　トーラーは「律法」、「モーセ五書」果ては「ユダヤ教の教え」を意味する重要な言葉であるが、torah あるいは tora と表記される。一般には、語尾に h を付すことが多いが、ここでも簡単で短いほうを採用する。
　「幸いなことよ」と訳されるアシュレは ashrei あるいは ashre と表記されるが、やはり短い ashre を使う。

13

ヘブライ語のカタカナ表記は、ややこしい問題を抱えている。

　ラメッド（いわゆるローマ字のL）とレーシュ（同じくR）は、全く異なる音である（らしい）が、日本人には、その聞き分けと発音がかなり難しく、また、その違いを仮名で書き分けるにもあまり気の利いた手段がない。本書では区別せず、両者を共にラリルレロで表記する。例えば「イスラエル」の「ラ」の子音はレーシュ（R）、「ル」の子音はラメッド（L）であり、本来別の音である。

　ベット（bet）とヴァヴ（vav）の区別も、やはり日本人には苦手であるが、書き分けにはvのために「ヴ」というカタカナを当てることができるので便利である。ただし細かいことを言うと、ベットが、bとも、vとも発音されることがある。例えばabotは「アボート」（アボット）とも「アヴォート」とも記される。

　ヘー（he）、ヘット（chet）、ハフ（chaf）は元来異なる音であるが、カタカナ表記上は区別しないことにする。

　ローマ字表記において、本書ではchaは「チャ」ではなく、ドイツの音楽家、バッハの「ハ」。強い音である。tziは「ツィ」であり「チ」ではない。ちなみに、「チ」という音は古典ヘブライ語にはないようである。

　すでにカタカナで流布しているヘブライ語が多々ある。例えばshmaaは「シェマ」、「シェマー」あるいは「シェマア」と表記される。またshmone esreは「シュモネ・エスレ」あるいは「シェモネ・エスレ」と表記される。どれが正しいということではない。本書では、本書の方法と流儀で、やや自由に表記する。

　語尾の「ト」、「ド」と音訳表記される場合の原語は、実のところ、ほとんどは「t」、「d」の発音であり、「to」、「do」ではない。たとえばshabbatは「シャバットゥ」の方がいいのだが、不本意ながら「シャバット」とした。「タルムード」も原語はtalmudであるから「タルムードゥ」としたいところである。語尾の「ト」、「ド」が、近い将来「トゥ」、「ドゥ」と表記されることになるように願う。日本語の仮名による表記上の制約があるとは言え、tentを「テント」、standを「スタンド」と表記し、そしてそう読むのは、いささかみっともないと常々思っている。

祈りの本文はゴシック体で表示した。

祈りには旧約聖書からの引用が多い。その際、原則として新共同訳聖書（日本聖書協会、1987年）の訳文を使わせていただいた。新改訳聖書（日本聖書刊行会、初版1970年）の訳の方がいいと判断した場合は、例外的にそちらを使用させていただいた。

本書では、本来「ヘブライ語聖書」というべきところを「旧約聖書」と便宜的に表記する。「旧約聖書」という呼称は、キリスト教の産物であり、「新約聖書」を前提にしたものである。ユダヤ教は、自らの聖典を「タナーハ（tanak）」（すなわち「トーラー（tora）」＝「律法」、「ネビイーム（neviim）」＝「預言者」、「クトゥビーム（ktubim）」＝「諸書」の略）、あるいは「ミクラー」（「読むもの」の意か）と呼ぶ。しかし、よかれあしかれ、「旧約聖書」という呼称が流布している。

聖書の訳文の言葉遣いや表記には、当然ながら訳者・筆者の習慣と違うことがある。本書の祈りの翻訳に言葉遣いや表記上、やや統一性が欠けるところがあるのは、そのことによる場合もある。

日本語訳の文体のことであるが、原文には詩文の祈りなどもあるので、文語的な翻訳もした。しかし「誉むべきかな」などという古風な表現は、今日の口語とかなり乖離しているので、漢字（の使用）も含め、できるだけ避けた。しかし例えば「ほむべき御業」という表現を日本語の訳から引用せざるを得ない場合もあった。かつて「誉むべきかな」と訳されたものは思い切って「祝福されますように」としたりした。これでよかったのか、どうか。

細かいことであるが、「篇」「編」の漢字について断りたい。どちらかに統一した方がいいと思い、「篇」の採用を決めた。新共同訳は「詩編」、新改訳は「詩篇」としている。

ついでに「賛」「讃」の漢字について、新共同訳聖書も新改訳も「賛美」を使うが、日本基督教団の「さんびか」は「讃美歌」である。本書では、統一しないことにした。

15

ヘブライ語アルファベット表

	文字	名 称	音 価	注
1	א	アレフ alef	ˈ であらわす。	付される母音記号次第で、a, i, u, e, o となる。
2	ב	ベット bet	b または v	v の音価は 6 番目のヴァヴの一つの音価と同じ。
3	ג	ギメル gimel	g	
4	ד	ダレット dalet	d	
5	ה	ヘー he	h	
6	ו	ヴァヴ vav	v または w	v の音価は 2 番目のヴェットの音価と同じ。
7	ז	ザイン zayin	z	
8	ח	ヘット chet	ch	ch の音価は 11 番目のカフの一つの音価と同じ。
9	ט	テット tet	t	t の音価は 22 番目のタウの音価と近い。
10	י	ヨッド yod	y	母音 i に近い音価。
11	כ	カフ kaf	k または ch	k の音価は 19 番目のコフの音価 q と近い。ch の音価は 8 番目のヘットの音価と同じ。
12	ל	ラメッド lamed	l	
13	מ	メム mem	m	
14	נ	ヌン nun	n	
15	ס	サメフ samech	s	s は、21 番目のスィンと同じ音価。
16	ע	アイン ayin	ˈ であらわす。	付される母音記号次第で、ˈa, ˈi, ˈu, ˈe, ˈo となる。
17	פ	ペー pe	p または f	
18	צ	ツァディ tzadi	tz	
19	ק	コフ qof	q	q の音価は 11 番目のカフの音価 k と近い。
20	ר	レーシュ resh	r	
21	שׁ / שׂ	シン shin / スィン sin	sh / s	スィンの音価 s は 15 番目のサメフの音価と同じ。
22	ת	タウ tau	t	t の音価は 9 番目のテットの音価と近い。

　左記の一覧は学術的なものではなく、多分に便宜的なものである。

　ヘブライ語のアルファベット（ヘブライ語流には「アレフベット」）には22文字あるというが、例外的な側面がある。21番目の文字は、シン（shin）とスィン（sin）の二つの読み方（名称）があり、それに応じて二つの音がある。שׁ の文字の右上か左上に小さな点を施して両者を区別する。右上に点を付けた場合は sh、左上の場合は s の音価である。これは שׁ 独特のものである。アルファベットを諳んじる時は「シン」と言うのが習慣だが、もう一つ「スィン」があることを忘れてはならない。更にややこしいのは、後者 שׂ（スィン）の音価は、ס（サメフ）の音価と同じである。旧約聖書の時代あるいはそれ以前は、両者は明確に別の音だったのかもしれない。

　シンとスィンに似た、ただし非なる現象が ב にある。実は ב の音価は b と v の2通りある。しかし、それを言うと、更に他のもの（文字）にも議論が波及しかねず、ハチの巣を突いたような話になる。すでに表の賑やかな注欄に見る通りである。ここは本書の目的の範囲に極力とどめたい。

　アレフベットの各文字の音価は、1番目のアレフと16番目のアインを例外として名称の冒頭の子音に現れている。

　アレフ（א）もアイン（ע）も子音文字だが、アレフとアインの音価記号である「 ’ 」と「 ‘ 」は、本書においてローマ字表記の際、一切使用しない。すなわち、アーメンは ’amen、アイン（「目」の意味）は ‘ayin と表記されることもあるが、それはしないということである。

　ついでながらアレフとアインの音価の違いなどは、紙上では容易に説明できない。同じことは11番目のカフと19番目のコフの音価の違い、9番目のテットと22番目のタウの音価の違いについてもいえる。

聖書略号一覧（用いられているもののみ）

創	創世記	哀	哀歌
出	出エジプト記	エゼ	エゼキエル書
レビ	レビ記	ダニ	ダニエル書
民	民数記	ホセ	ホセア書
申	申命記	ヨエ	ヨエル書
士	士師記	アモ	アモス書
ルツ	ルツ記	ミカ	ミカ書
サム	サムエル記（上・下）	ハバ	ハバクク書
王	列王記（上・下）	ゼファ	ゼファニヤ書
代	歴代誌（上・下）	ゼカ	ゼカリヤ書
ネヘ	ネヘミヤ記	マラ	マラキ書
エス	エステル記		
ヨブ	ヨブ記	Ⅰマカ	マカバイ記Ⅰ
詩	詩篇		
箴	箴言	マコ	マルコによる福音書
コヘ	コヘレトの言葉	ルカ	ルカによる福音書
雅	雅歌	ヨハ	ヨハネによる福音書
イザ	イザヤ書	ロマ	ローマの信徒への手紙
エレ	エレミヤ書	ガラ	ガラテヤの信徒への手紙

序に代えて　〜スィドゥールとは〜

　ユダヤ教には日々の生活の中で、その時々に唱える定型の祈りがあり、その数は非常に多い。「日々」と言ったが、毎日ではなく週に一度、安息日 [1] だけに唱える祈りもあれば、月に一度、新月 [2] の折りに口にするものもある。更に1年周期で巡り来る祭りの折りのもの、また日付けや季節に関係なく、特別な情況や機会に唱える祈りもある。その個々の祈りは長い歴史を通して作られ、次第に集積されて来た。それらは今日、さまざまに編集され、印刷物として出版され、祈禱書としてユダヤ社会に広く流布している。その祈禱書をヘブライ語で一般に「スィドゥール」と言う [3]。

　ユダヤ教の礼拝の場である会堂、すなわちシナゴーグや、崇敬される偉大な先祖やラビたちの墓などには、参拝者のために、たいてい何冊もの、また何種類もの祈禱書が備えられている [4]。また人々はそれを家庭に備え、なかにはポケットに忍ばせている人もいる。

　ユダヤ教には「マハゾール」と呼ばれるもうひとつの祈禱書がある。マハゾールは「巡る、繰り返す」を意味する動詞ハザールから来ている。こちらは主に年に一度の特別の日（記念日や祭日）の祈りを収めたものである。文字通り毎年、繰り返し巡り来る祭日に唱える祈りの集成であり、祭りごとの分冊もある。ただしスィドゥールとマハゾールは必ずしも明確に内容を分け合っているものではなく、マハゾールは当初の意味を失い、広義のスィドゥールに含まれると言ってもいいようである。

　9世紀、バビロニアのアムラム・ガオンという学者が編集したものが最初の祈禱書とされる。ガオンは、当時ユダヤの学問の一大中心であったスーラ [5] という町の学塾の長の称号である。『ラヴ・アムラムの祈禱書』 [6] と呼ばれる。しかし、これは会堂での礼拝を先導するハザン [7] の便宜のためのものであって、一般信徒のためのものではなかったらしい。ユダヤ教の祈りは書き記すことが禁じられていたので、久しく口頭で伝授されていた。しか

し量が増え、正確な記憶が困難になるにおよび記録されることになったという。アムラム・ガオンよりやや後の学者、サアディア・ガオン[8] が10世紀に編集したものが一般の信徒を対象とした初めての祈禱書であるとされる。これはアラビア語で著わされたが、その表題は『祈りと頌栄（しょうえい）の全集』と訳すことができるものである。

　12世紀には、碩学（せきがく）ラシ[9] の弟子や、その学派の人々によって更に洗練されたものが生まれたが、なかでも『マハゾール・ヴィトゥリ』[10] は有名である。

　スィドゥールは長い年月の間に、ユダヤ人社会がかつて存在した、また今も存在する世界の各地で色々なものが生まれ、伝承され流布している。またこれからも新しいものが生まれていく。私の手元には16冊（16種類）のスィドゥールがある。ヘブライ語のみのもの、イタリア語の対訳のついたもの、英語の対訳の付いたもの、ドイツ語の対訳の付いたものがある。また子ども用の写真入りの非常に簡単で、分量の少ないものもある。大きさも色々で、上着のポケットに収まる小型で軽量のものもあれば、片手で持つにはややかさばる重厚なものもある。

　ここで、スィドゥールの多様性の要因のひとつと思われるユダヤ教内の宗派について触れる必要がある。宗派と言っても、例えばキリスト教のプロテスタントにおける諸教派のような、教義をめぐる、ある意味で深刻な神学的な主張が各宗派にあるわけではなさそうである。ユダヤ教における宗派の差異は、教義ではなく「流儀」とでも言うべきものにあるように部外者の私には見える。手元の16種類のスィドゥールを調べると、そのうちの12冊は、表紙や最初の数ページのどこかで、○○○版などと謳っている。○○○の部分が、実は「流儀」の名称である。具体的にはスファラディ版、アシュケナジ版、スファラディおよびミズラッヒ版、イタリア版、モロッコ版などである[11]。アメリカの改革派は、このいずれとも違う。筆者には個々の流儀（スィドゥールに現れる版）の説明はできないが、色々な流儀が存在するということである。

　ユダヤ教にはスファラディとアシュケナジの2大流儀があって、それがすべてのように説明されることがあるが、実際はもっと複雑なのである。

　上述のようにスィドゥールには無数とも言える多くの版があり、内容と構成も版によって少しずつ異なっている。その多様さには戸惑うほどである。

　『ユダヤ教の祈りの手引き』[12] の中で著者のＡ．シュタインザルツ師は、「何千というスィドゥールの版や痕跡があるが、今日にいたるも、印刷されたスィドゥールの版と発行の場所をすべて調べた完全な目録がない。今も毎年、何百というスィドゥールが出版されている」と述べている。20 年余り前のことなので、状況は少しは変わっているかも知れない。ただし、たとえ種類が多くとも主要な祈りはすべてに共通している。

　スィドゥールに記載された祈り、すなわちユダヤ教の祈りは、ヘブライ語（一部アラム語）である。ユダヤ教が民族宗教といわれる所以である。スィドゥールの表題も、対訳の祈禱書の場合も例外なくヘブライ語の名称をもっている。ヘブライ語を日常的に使わない「離散の地」、例えば今日のフィレンツェにおいても、祈りは日常の言語であるイタリア語ではなく、ヘブライ語で唱えられるようである。

　「ユダヤ教の祈りは、ヘブライ語である」といったが、例外がないわけではない。上述のようにアメリカの改革派の祈禱書が手元にあるが、これには改革派独自の英語の祈りが僅かながら載っている。改革派の人々が作った新しいものであろう。改革派にとっては、祈りは必ずしもヘブライ語でなくてもいいのである。

　なお、ユダヤ教の祈りのなかには、聖書の特定箇所（節など）をいくつか組み合わせてひとつの祈りとしたものがある。有名なのは申命記と民数記からの引用を組み合わせた「シュマア・イスラエル」（51 頁）である。また民数記からの複数の引用を組み合わせた「マー・トヴー」（35 頁）もある。ユダヤ教が聖書に片足を置く以上、その引用が多いのは当然のことである。中でも、詩篇からの引用が多く、特定の詩篇が祈りの中心を占めることもある [13]。そこで詩篇の全篇を、そっくり巻末に載せているスィドゥールもある。実際、詩篇は祈りの宝庫である。キリスト教の各種讃美歌集に詩篇が「交読文」として多数収められているのも、同じ事情であろう。

　また、ユダヤ教には『ピルケ・アヴォート』（単に『アヴォート』とも）という文書がある。タルムードの「ネズィキーンの巻」の一篇であるが、タル

ムードを構成するミシュナの中ではかなり例外的な性質を有し、道徳を涵養する賢者の格言集になっている。ピルケ・アヴォートとは、「父祖たち（アヴォート）の章」の意味だが、「父祖たちの遺訓」と訳されることがある。その『ピルケ・アヴォート』をまとめて掲載している祈禱書にも 5 つほど出会った。なおその日本語訳には以下のものがある。

「ピルケ・アボス」『聖書外典偽典 3』石川耕一郎訳、教文館、1975 年
『ミシュナ　アヴォート・ホラヨート』石川耕一郎訳、エルサレム宗教文
　化研究所（エルサレム文庫 1）、1985 年
『タルムード　アヴォート篇』長窪専三訳、三貴[14]、1994 年
『ミシュナ IV 別巻　アヴォート』長窪専三訳、教文館（ユダヤ古典叢書）、
　2010 年

　ところで、長谷川真氏[15] という学者がおられた。日本におけるユダヤ教の紹介の先駆者である。氏の遺稿の中にスィドゥールの祈りの翻訳があり、故人の遺志を汲む方々により、その一部が『ユダヤ教祈禱書抄』（私家版）として 1996 年に上梓された。ユダヤ教の祈りの紹介として画期的ではあったが、新書判で僅かに 50 ページであり、同じ祈りが重複しているものもあり、翻訳された祈りの数は乏しい。

　6 年後の 2002 年に、同氏の遺稿を基にして、全く別の人々によって『ユダヤの祈り —— 祈りのこみち』（長谷川家財団、非売品）が出版された。祈禱の本文をヘブライ文字で印刷し、解説などを含む約 200 ページのもので、立派な装丁で見栄えのするものである。しかし、これも重複が多く、スィドゥールを紹介するものとしては量的に十分ではなく、施された解説もいささか物足りない。

　さて本書の目的は、ユダヤ教の祈禱書の紹介ではなく、まして、それを会堂で使うユダヤ教の礼拝の説明でもない。しかし、ユダヤ教の祈禱書とはどんなものか、という関心を持つ読者がおられるとすれば、結果として、その方々に一定の情報を提供することになった。祈禱書と礼拝については、エルサレムに長期滞在し、1 年以上も毎日シナゴーグへ足を運ばれた市川裕氏の

見聞がたいへん興味深い。氏の『ユダヤ教の精神構造』[16]は祈りへの言及が多く、参考になる。

＊　＊　＊

　ここで参考までに、「シュマア」（聞け）という有名な祈りの冒頭の句と、もうひとつ、「バルーフ」（祝福されるように）という言葉で始まる、ユダヤ教の祈りに多用される馴染みの定型句の2つを紹介したい。

　最上段はヘブライ語の原文である。2段目と3段目は、ヘブライ語に近い音をローマ字とカタカナで各単語（分節）の真下に表した。4段目は、各単語の意味である。5段目は、言わば「読み」であり、左から右へ通して読む。最下段にその日本語訳を記す。

　最上段のヘブライ語は矢印←の通り、右から左へ読み書きする。

（ヘブライ語原文）	שמע ישראל יהוה אלוהנו יהוה אדני אחד	←
（ローマ字表記）	echad　adonai　elohenu　adonai　yisrael　shmaa	←
（各語の読み方）	エハッド　アドナイ　エローヘーヌー　アドナイ　イスラエル　シュマア	←
（各語の意味）	唯一　主は　我らの神　主は　イスラエルよ　聞け	←

　　（原文の読み）　シュマア・イスラエル・アドナイ・エローヘーヌー・アドナイ・エハッド

　　（日本語訳）　　聞け、イスラエルよ。主は我らの神、主は唯一である。

（ヘブライ語原文）	ברוך אתה יהוה אלוהנו מלך העולם	←
（ローマ字表記）	haolam　melech　elohenu　adonai　ata　baruch	←
（各語の読み方）	ハオラーム　メレフ　エローヘーヌー　アドナイ　アタ　バルーフ	←
（各語の意味）	世界　王　我らの神　主　あなた　祝福されよ	←

　　（原文の読み）　バルーフ・アタ・アドナイ・エローヘーヌー・メレフ・ハオラーム

　　（日本語訳）　　世界の王、我らの神、主なるあなたは　祝福されよ。

1)　シャバット。一週の終わりの日で、金曜の夕刻に始まり、明くる土曜の夕刻に終わる祭日。
2)　ローシュ・ホーデッシュ。ユダヤ暦の毎月のついたちをいう。

3) スィドゥールという言葉であるが、元はスィデール（整える、順序だてる）という動詞から派生した名詞である。「整理」、「順序だて」などの意味である。一方、同じスィデールからセデルという別の名詞も生まれ、こちらは「順序」、「次第」という意味がある。祈禱書のことをセデル・トゥフィロット（祈りの次第）とも言う。つまりスィドゥールやセデルには元々「祈り」の意味合いはないが、「（祈りを）まとめたもの」の意味があり、スィドゥールはそれだけで「祈禱書」になったようだ。

4) エルサレム旧市の西の壁（嘆きの壁）は、いまや一大聖地であるが、ここにも沢山の祈禱書が備わっている。

5) 今日のイラクのユーフラテス川の畔に位置した。

6) ラヴはバビロニア方面の用語。パレスチナのラビと同義で、ユダヤ教の学者のことである。

7) ハザン hazzan は「朗詠者」、「先唱者」と訳される。会堂での礼拝を先導する役職。なおユダヤ教には、キリスト教にみられる司祭・聖職者（神父や牧師）は存在しない。ラビは司祭ではなく、ユダヤ教の教えに長じた学者、先生、指導者である。

8) サアディアはエジプトの出身であるが、若くしてパレスチナに移り、そこで学び、後にバビロニアに定住しガオンになった。

9) ラビ・シュロモ・ベン・イツハック、略して「ラシ」。1040-1105 年。

10) 作者はシムハ・ベン・サムエル。ヴィトゥリは南フランスの地名。

11) スィドゥールにおける流儀の違いは例えば、A 版には祈り X があるが、B 版には X はないなど。また A 版では X の次に Y を唱えるが、B 版では X と Y の順序が逆になっているなど。流儀を選ぶのは個人の意思ではなく、生まれや育った会衆（共同体）によって自ずと決まるようである。

12) *A Guide to Jewish Prayer*, Schocken Books, 2000.

13) ハレールは詩篇の文言の引用のみからなる。本書 192 頁以下参照。

14) 宝石の輸入・販売などを手がけた株式会社三貴が 1990 年代に石田友雄氏、後に市川裕氏を総括編集者とし、文化支援活動として、バビロニア・タルムードの翻訳・出版を開始した（現在は会社の倒産により中断）。日本初のタルムードの翻訳の試みである。

15) 長谷川氏は下の名を「真太郎」とすることもあれば、「ロイ・真」とすることもある。氏が翻訳したのは、アメリカの改革派の祈禱書『シャアレ・トゥフィラ』（祈りの門）*Gates of Prayer, The New Union Prayer Book* の一部である。

16) 東京大学出版会、2004 年。特に第 5 章「神への愛」、第 6 章「罪と赦し」など。

1　暁の祈り

ビルホット・ハシャハル [1] birchot ha-shachar

　ユダヤ教では、毎日、3回、会堂（シナゴーグ）で礼拝をする習慣がある。朝の祈り（シャハリット）、昼の祈り（ミンハ）、夕の祈り（アルヴット）である。ここで言う「祈り」とは礼拝のことである。祈りが礼拝の中心だからであろう。3回の礼拝の由来は詩篇55篇18節（17節となる版もある）の「夕べも朝も、そして昼も、私は悩んで呻く。神は私の声を聞いてくださる」という言葉からくると説明される。夕べが最初にくるのは、「夕べがあり、朝があった」と創世記1章の物語にあるように、旧約の世界では、またそれを受け継ぐユダヤ教の世界では、夕刻に一日の境があるからである。ダニエル書6章11節に「エルサレムに向かって開かれた窓際にひざまずき、日に3度の祈りと賛美を自分の神にささげた」とあるが、ダニエル書が記された頃には、日毎の3度の祈りがすでに習慣となっていたのだろうか [2]。

　ところで朝、目覚めて、その日の営みを始め、会堂へ礼拝に出かけるまでに家の中で唱える一群の祈りがある。いわば会堂で行う「朝の祈り」の前奏である。これらをシャハリットから区別して「暁の祈り」として位置付けてみた。ただし「暁の祈り」と「朝の祈り」の区分、境界は明瞭なものではなく、祈禱書によっても異同がある。

---

1)　ビルホットは「祝福」、転じて「祈り」の意のブラハの複数、連語形。ハシャハルは「暁」の意のシャハルに冠詞「ハ」がついたもの。

2)　ユダヤ教のしきたりでは、聖書に由来して一日を夕べ（日没）から始める。上述の詩篇55篇でも、夕、朝、昼の順になっている。しかし本書では「夕の祈り」からではなく「暁の祈り」（と「朝の祈り」）から説明を始める。実際、多くの祈禱書も「朝の祈り」から始まっている。

私は感謝します

モデ・アニ mode ani

　モデは「感謝する」の意。アニは人称代名詞、1人称単数、「私」の意[1]。目覚めの直後の祈り。「モデ・アニ」は、冒頭の言葉。訳者・筆者による便宜的な命名。この祈りは、私の手元の殆どのスィドゥールでは祈りの本文の最初の頁に載っている。朝、目が覚めたら真っ先に唱える一節である。しかし、その後に続く祈りは祈禱書によって種々である。

　生ける永遠の王である、あなたの御前に私は感謝します。あなたは私の内に憐れみをもって私の魂を戻されました[2]。あなたの誠意は偉大です。
　（さらに次が続くことがある）
　主を畏れることは知恵の初め。これを行う人はすぐれた思慮を得る。主の賛美は永久に続く[3]。御国の誉れある御名が代々にほめ讃えられますように。

1)　古典ヘブライ語においては、主語と述語の倒置がみられる。
2)　ユダヤ教においては、人が眠りにある時、魂が肉体を離れ死の状態にある、という捉え方があるとされる。「我が神よ、魂は」（30頁）参照。
3)　詩111：10。

手の浄め

ネティラット・ヤダイム[1] netilat yadayim

　目覚めの折り、上述の「私は感謝します」に続いて唱えることがある祈りであるが、目覚めの祈りのほかに墓地を訪ねたあと、食事の前など、ユダヤ教では様々な場面で手を洗う習慣があり、その折りにも唱えられる。手の浄めは、元々衛生上も必要であったものが、祈りを伴って儀式化したようだ。

　世界の王、我らの神、主なるあなたは祝福されますように [2]。あなたは戒めをもって私たちを聖別し、手を浄めることを命じられました。

1)　ヤダイムは「手」を意味するヤッドの双数形で、両手のこと。ネティラットはネティラの連語形で、これには「浄め」の意味合いは全くなく、「上げる」という動作を示す名詞である。手を洗うに際して、下に垂らしている手を上げる、その動作から来ているらしい。意訳して「浄め」とした。

2)　この句については、「序に代えて」の 23 頁の最下段で紹介した。この句自体がひとつの頌栄であり、本書で紹介する数々の祈りの冒頭部分に置かれることがある。31 頁で紹介する「主なるあなたは祝福されますように」も、まさにそうである。

（人を）形創られた方

アシェール・ヤツァール asher yatzar

　アシェールは関係詞、ヤツァールは「（人を）形創る」という動詞の完了形。祈りの第 2 節目に出てくる 2 つの言葉が、祈りの名称となっている。祈りの内容を余り語らない名称である。

　世界の王、我らの神、主なるあなたは祝福されますように。あなたは知恵をもって人を形創り、それに数々の穴や空洞 [1] を創られました。そのひとつでも開いたり塞がれたりすると、ひと時も生存できなくなることは、聖なる御座の前に明らかです。我らの主であるあなた、すべての肉なるものを癒し不思議なことをなさる方が祝福されますように。

1)　穴とは、目、鼻、口や耳、また排泄用の穴のこと。空洞とは、胃腸などをいうのであろう。

ツィツィットの着用

ラビシャット・ツィツィット labishat tzitzit

　ラビシャットは「着用」の意のラビシャの連語形。ツィツィットは衣の四隅に付ける房[1]を言う。ただし、ここではツィツィットを四隅に着けた特殊な下着のようなものを指す[2]。房の付いた下着の着用は、戒めを忘れないための工夫である。

　ツィツィットの着用は男性だけが行う習慣である。本書で時々指摘することになるが、伝統的なユダヤ教は、いたって男性本位である。その淵源は旧約聖書にあると言える。「男子はすべて、年に三度、……主の御前……に出ねばならない」[3]などとあり、女性は宗教的な義務から免除（除外）されている。

　世界の王である、我らの神、主なるあなたは祝福されますように。あなたは戒め[4]をもって我らを聖別し、ツィツィットの戒めを我らに命じました。
　（さらに次が続くことがある）
　我が神、我が先祖の神である主よ、ツィツィットの戒めが御前（みまえ）に尊いものでありますように。あたかも私が、そのすべての詳細を、意味を、その意図を汲んで実践し、またそれに依拠する 613 の戒め[5]を実行しますように。アーメン、セラ[6]。

1) 民 15：38。
2) それをタリット・カタンと呼ぶ。「小さいタリット」のことだが、タリットについては、「タリットの着用」（36 頁）参照。
3) 申 16：16。
4) 「戒め」は、ミツヴォット（単数ミツヴァ）の訳。
5) ユダヤ教の理解では、モーセ五書には 613 の守るべき戒め、すなわちミツボットが記されている。ヘブライ語でこれを「タルヤグ・ミツボット」と言う。タルヤグはヘブライ語アルファベットによる数詞の縮略されたもので、613 を表す。
6) セラは詩篇などに見られる特殊な言葉で、その正確な意味は分かっていない。唱歌の際の記号（例えば「休止」の意味）の可能性がある、などと説明される。旧約聖書より

後の時代の祈りの作者がセラをどういう意味で使ったのかは、また別の問題である。「永遠に」という祝福の意味を込めて用いた可能性があるとされることもある。「豊かな愛」注1（50頁）参照。

これらは（規定のない）事柄である

エールー・ドゥバリーム elu dbarim

エールーは「これら」の意の代名詞。ドゥバリームは「事柄」の意、ダバールの複数形。「タルムード」のズライームの巻、ペアー篇1：1の文言がそのまま祈りとなっている。祈りは2つの段落からなるが、いずれもエールー・ドゥバリームで始まる。この冒頭の2つの言葉（単語）が名称である。タルムード（あるいはミシュナと言うべきか）からの引用が祈りになっている珍しい例である。本文の日本語訳は三貴版タルムード[1]から借用した。

以下のものは定量が定められていない（事柄である）。すなわち、ペアー[2]（としての収穫量）、初物（としてささげられる量）、（三大巡礼祭[3]における神殿への）出頭[4]（の際の捧げ物の量）、慈しみの業、そしてトーラー研究（の時間量）である。

以下のものは、人がこの世においてその利益を享受し来るべき世においては、その元[5]が彼のために存続するもの（事柄である）[6]。すなわち、父母への畏敬、慈しみの業、人とその仲間との間に和をつくることである。しかしトーラー研究は、これらすべてに優る[7]。

---

1) 三貴版タルムードについては「序に代えて」の注14（24頁）参照。ペアー篇（1997年）の訳は三好迪氏が担当。

2) ペアーとは上述の通り、タルムードのズライームの巻の最初の篇の名称であるが、元々「畑の隅」を意味する言葉である。レビ19：9, 10などが、貧しい人へ配慮して作物を刈り尽くさずに残すように、と命じる、その「畑の隅」であり、それから生じた習慣・制度をさす。

3) 過ぎ越しの祭り（除酵祭）、七週の祭り、仮庵の祭りを指す（157 頁以下）。
4) 「出頭」とは、三大巡礼祭で「主の御前に出る」ことをいう。申 16：16。
5) 「元」とは、「元金」の「元」である。
6) 「功徳が（来世においても）有効である」の意味のようである。
7) ヘブライ語原文は「これらすべてに匹敵する」と読める。

我が神よ、魂は

エロハイ・ネシャマ elohai neshama

エロハイは「我が神」、ネシャマは「魂」の意味。この祈りの名称はヘブライ語の原文における冒頭の 2 つの言葉からなる。

　我が神よ、あなたが私に与えた魂は清いものです。あなたがそれを創られ、あなたがそれを形作られ、あなたがそれを私の中に吹き込まれ、あなたが私の内にそれを保たれました。いずれあなたはそれを私から取り上げ、また来るべき将来に私の内に戻されます。
　私の内にその魂がある限り、私は我が主、我が神、我が祖先の神の前に感謝します。すべての御業の主、すべての魂の主。死せる体 [1] に魂を返される主なるあなたは祝福されますように。

1) 「私は感謝します」（26 頁）注 2 参照。

トーラーの祝福

ビルホット・ハトーラー birchot ha-tora

　ビルホットは「祝福」を意味するブラハの複数、連語形。ハトーラーは「律法」のことで冠詞「ハ」付き。「律法」と訳されるトーラーは狭義にはモーセ五書を指すが、広く旧約聖書すべてを意味し、さらにはユダヤ教の教え全

体を指すこともある。これから紹介する数々の祈りのなかに、度々トーラー
という言葉が出てくるが、それは多くの場合、まさに広義のトーラー、「ユ
ダヤ教の教え」のことである。

　世界の王、我らの神、主なるあなたは祝福されますように。主は戒めを
もって私たちを聖別し、律法の学びを命じられました。我らの神、主よ、律
法を我らの口に、またあなたの民であるイスラエルの民の口に心地よいもの
としてください。そうして私たちが、また私たちの子孫、あなたの民イスラ
エルのすべてが、あなたの御名（みな）を知る者となり、またトーラーを学ぶ者とな
るように。その民イスラエルにトーラーを授ける、主なるあなたは祝福され
ますように。

　世界の王、我らの神、主なるあなたは祝福されますように。主はすべての
民の中から我らを選び、我らにその教えを授けられました。トーラーを授け
た主なるあなたは祝福されますように。

主なるあなたは祝福されますように

バルーフ・アタ・アドナイ baruch ata adonai

　バルーフ[1]は「祝福されますように」、やや古風に言うと「誉むべきかな」
の意。アタは人称代名詞2人称単数男性、「あなた」。アドナイは「我が主」
の意。ここに紹介する祈りは、およそ15の節からなる長いものだが、色々
探してみても、名称（らしいもの）が見当たらない。各節はすべて、その前
半分が「世界の王である、我らの神、主なるあなたは、祝福されますよう
に」という決まり文句である[2]。繰り返し句（リフレイン）というのだろう
か。そのヘブライ語の最初の3つの単語からなる句、すなわちバルーフ・ア
タ・アドナイを便宜的にこの祈りの名称とする。

　2、3、4番目の節では、「異教徒に」、「下僕に」あるいは「女に生まれな
くて幸いでした」という差別的なことを露骨に唱っている。この祈りが生ま
れた時代的背景があったのであろうが、オーソドックス（正統派）のユダヤ

教は今もって男性本位であり、今日の我々の感覚からすると、色々と問題を感じる。さすがにリフォーム（改革派）の祈禱書では、差別的な文言は削除されたり改変されている。

世界の王、我らの神、主なるあなたは、祝福されますように。
　　あなたは心（雄鶏）に昼と夜を区別する能力を与えられました[3]。
世界の王、我らの神、主なるあなたは、祝福されますように。
　　あなたは私を異教徒にされませんでした。
世界の王、我らの神、主なるあなたは、祝福されますように。
　　あなたは私を下僕にされませんでした。
世界の王、我らの神、主なるあなたは、祝福されますように。
　　あなたは私を女性にされませんでした。
（祈りの主体が女性の場合は下の文言）
　　あなたは御心のままに私を造られました。
世界の王、我らの神、主なるあなたは、祝福されますように。
　　主は見えない人の目を開かれる[4]。
世界の王、我らの神、主なるあなたは、祝福されますように。
　　主は裸の者に着物をあてがわれます。
世界の王、我らの神、主なるあなたは、祝福されますように。
　　主は捕われ人を解き放ちます[5]。
世界の王、我らの神、主なるあなたは、祝福されますように。
　　主は曲がったものをまっすぐにされます。
世界の王、我らの神、主なるあなたは、祝福されますように。
　　主は大地を水の上に広げられる[6]。
世界の王、我らの神、主なるあなたは、祝福されますように。
　　主は人の一歩一歩を定められます[7]。
世界の王、我らの神、主なるあなたは、祝福されますように。
　　主は私の必要のものすべてを用意されました。
世界の王、我らの神、主なるあなたは、祝福されますように。
　　主はイスラエルを力で守られます。

世界の王、我らの神、主なるあなたは、祝福されますように。

　　　主はイスラエルに栄光を冠せられます。

世界の王、我らの神、主なるあなたは、祝福されますように。

　　　主は疲れた者に力を与えられます[8]。

世界の王、我らの神、主なるあなたは、祝福されますように。

　　　主は私の目から眠りを、私の目蓋からまどろみを取り去られます。

（さらに以下が続くことがある）

　我らの神、我らの先祖の神である主よ、あなたの教えに我らが慣れ親しみ、あなたの戒めを固守するようにしてください。罪を犯すことがないように、過ち、咎を犯さないようにしてください。また試練と辱めに合わせないでください。また悪しき思いが我らの心の内を支配しないように、また悪しき人、悪しき友から遠ざけてください。むしろ我らが良き思い、良き行いを守るようにしてください。我らの思いをあなたに従うように仕向けてください。今日、また日々、我らに、あなたからの、また我らを見るすべての人からの好意、親切、慈愛を与えてください。幸いをもって我らに報いてください。その民、イスラエルに幸いを報いる主なるあなたは祝福されますように。

（さらに以下が続くことがある）

　我らの神、我らの先祖の神である主よ、本日また日々、我らを傲慢な者から、傲慢から、悪しき性向[9]から、悪しき友から、悪しき隣り人から、災難から、悪しき目[10]から、悪しき言説から、密告から、偽りの証言から、誹謗から、他人の憎しみから、異常な死から、悪しき病から、悪しき事故から、滅ぼそうとする敵から、厳しい裁判から、厳しい裁判の相手から、その者が契約の民[11]の一員であろうがなかろうが、またゲヘナの裁きから[12]我らを救ってください。

1) バルーフは「祝福する」の意の動詞ベラーフの受身形。
2) この句については、「手の浄め」注2（27頁）参照。
3) ヨブ38：36参照。
4) 詩146：8。
5) 詩146：7。

33

6) 詩 136：6 参照。

7) 詩 37：23。

8) イザ 40：29。

9) イェツェル・ラア。創 6：5 に「常に悪いことばかりを心に思い計っている」とある。

10) 目には人に危害を加える力がある、とする俗信がある。

11) アブラハムの契約の民、すなわちユダヤ人。

12) 「ゲヘナの裁きから」を欠くものもある。

2 朝の祈り

シャハリット shacharit

シャハリットは「夜明け」の意であるが[1]、日の出の後の会堂における朝の祈りの礼拝をいう。かつてエルサレムの神殿で朝に捧げていた犠牲に代わるものである。毎日の3度の礼拝のうち、最も多くの祈りを唱えるので、それに要する時間も長いらしい。礼拝で男性はタリット[2]やトゥフィリン[3]という宗教的な器具を着用したりする。

なお「朝の祈り」という言い方だが、礼拝の中身が専ら祈りなので「朝の礼拝」の代わりに「朝の祈り」と言うようである。「朝の祈り」と称される祈りがあるわけではない。あるのは、「朝の祈り」の機会に唱えられる一連の多数の祈りである。「午後の祈り」、「夕の祈り」もそうである。「祈り」はすなわち礼拝なのである。ちなみに「礼拝」を意味するヘブライ語は「アボダ」である。

1) シャハリットは、「暁の祈り」すなわちビルホット・ハシャハルの「シャハル」と語根を同じくする。
2) 「タリットの着用」(36頁) 参照。
3) 「トゥフィリンの装着」(37頁) 参照。

何と素晴らしいことか

マー・トヴー ma tovu

マーは「何と」という感嘆詞。トヴーは「すばらしい」の意[1]。祈りの冒頭の2つの言葉である。もとはシナゴーグへ赴く前に、各家庭で唱えるものであったが、会堂での礼拝の祈りに加えられるようになったと説明される。

民数記および詩篇から選ばれた4つの文言から構成されている。祈りの本文にみるように、冒頭は「いかに良いことか」（新共同訳）という言葉遣いであるが、祈りの名称としては「何と素晴らしいことか」とさせていただく。

いかに良いことか、ヤコブよ、あなたの幕屋は。イスラエルよ、あなたの住む所は [2]。私は深い慈しみをいだいて、あなたの家に入り、聖なる宮に向かってひれ伏し、あなたを畏れ敬います [3]。主よ、あなたのいます家、あなたの栄光の宿るところを私は慕います [4]。私を造られた方、主の御前にひざまずこう。ひれ伏し、伏し拝もう [5]。あなたに向かって私は祈ります。主よ、み旨にかなうときに、神よ、豊かな慈しみのゆえに、私に答えて確かな救いをお与えください [6]。

1) トヴーは、意味は形容詞的であるが文法的には動詞。
2) 民 24：5。
3) 詩 5：8。
4) 詩 26：8。
5) 詩 95：6。ただし1人称複数を単数に変えている。
6) 詩 69：14。

タリットの着用

アティファット・タリット atifat talit

タリットは、祈り用の肩掛け（ショール）のこと。アティファットは「覆うこと」を意味するアティファの連語形であるが、ここでは「着用」と意訳する。祈りに際してタリットで上半身を覆うのであるが、その際に唱える祈りである。詩篇の文言の組み合わせからなる。タリットには四隅にツィツィット [1] が付いている。特に朝の礼拝（シャハリット）で使用する。タリットは、下記の祈りの本文に見られる、栄え、輝き、光、天を象徴する。これも男性のみが着用する。

36

　　私の魂よ、主を讃えよ。主よ、私の神よ、あなたは大いなる方。栄えと輝きをまとい、光を衣として身を覆っておられる。天を幕のように張られる[2]。

　　世界の王である、我らの神、主なるあなたは、祝福されますように。あなたは戒めを持って我らを聖別し、ツィツィットで身を覆うよう我らに命じました[3]。

　　神よ、慈しみはいかに貴いことか。あなたの翼の陰に人の子らは身を寄せ、あなたの家に滴る恵みに潤い、あなたの甘美な流れに渇きを潤す。命の泉はあなたにあり、あなたの光に、私たちは光を見る[4]。

1)　ツィツィットについては、「ツィツィットの着用」（28頁）参照。
2)　詩 104：1, 2。
3)　「ツィツィットで身を覆う」とあるが、「ツィツィットの付いたタリットで身を覆う」の意味である。
4)　詩 36：8-11。

トゥフィリンの装着

ハナハット・トゥフィリン hanachat tfilin

　　ハナハットは「装着」を意味するハナハの連語形。トゥフィリンとは祈りの際に、額と左腕に装着する宗教的な器具の名称である。「聖句箱」また「経札」と訳されることがある。タリットと同じく、これも男性のみが使用する。

　　世界の王、我らの神、主なるあなたは、祝福されますように。あなたは戒めを持って我らを聖別し、トゥフィリンの装着を我らに命じられました。
　　世界の王、我らの神、主なるあなたは、祝福されますように。あなたは戒めを持って我らを聖別し、トゥフィリンの戒めを我らに命じられました。
　　その王国のほまれの印は、永遠に祝福されますように。

私は、あなたととこしえの契りを結ぶ。私は、あなたと契りを結び、正義と公平を与え、慈しみ憐れむ。私はあなたとまことの契りを結ぶ。あなたは主を知るようになる[1]。

　至高の神よ、あなたの知恵を私に吹き込んでください。あなたの（持てる）分別から私に分別をください。あなたの慈しみで私に大いなることを行ってください。あなたの力で私の敵を、私に立ち向かう者を滅ぼしてください。良質の油を燭台の七つの枝（の受け皿）に注いで、あなたの慈愛を、あなたの被造物に及ぼしてください。すべて命あるものに向かって御手を開き、望みを満足させてくださいます[2]。

(1)　ホセ 2：21, 22。ここでは主語の「私」は祈る人ではなく神である。「契りを結ぶと訳されているヘブライ語は、「許嫁とする」という言葉である。
(2)　詩 145：16。

世界の主よ

アドン・オラーム adon olam

　アドンは「主人」すなわち、ここでは「神」のことである。オラームは「世界」とも「宇宙」とも訳せる言葉である。シャハリットの最初の祈りである。上述の「タリットの着用」、「トゥフィリンの装着」は、確かに個人的な祈りであり、会衆一同が共に行う礼拝の一部ではない。

すべて形あるものが創造される前に治めておられた世界の主よ、
そのご意志ですべてが創られた時、その名は王と呼ばれた。
すべてが去ったあとも、恐るべき方がただ一人、支配される。
主はかつて存在し、今も存在し、これからも栄光の中に存在される。
主は唯一無二であり、比べるべき、また並べるべきものはいない。
初めもなく、終わりもない。力があり、権威がある。
主は私の神、私を贖う生ける方。苦難の時の私の痛みの（救いの）岩。

主は私の旗、私の避けどころ、私が呼び求める日の私の器の糧。

主は癒す方、また主は癒し。主は見張り、また助け。

眠っている時も目覚めている時も、その御手に私の魂を委ねます。

私の体は、私の魂と共に（あり）、主は私と共におられ、私は恐れない[1]。

1) 詩 118：6 参照。

〈信仰の13箇条〉
シュロシャ・アサール・イカリーム　13 ikarim

　シュロシャ・アサールは 13 の意の数詞。イカリームはイカールの複数形で、「原理」、「信条」の意。12 世紀の碩学、ラムバムことモーゼス・マイモニデス[1]がユダヤ教の信仰を 13 の項目にまとめた。それを「信仰の13箇条」（13 イカリーム）という。その後、14 世紀に「信仰の13箇条」を短く詩文に言い改めた「高められますように」が作られた。更に 15 世紀には、もっと簡潔な「私は信じます」も作られた。「高められますように」も「私は信じます」も「信仰の13箇条」と呼ばれ、「信仰の13箇条」は都合、3つ存在するわけである[2]。「信仰の13箇条」はある意味でキリスト教の「使徒信条」に似ているといえようか。しかし、これがユダヤ教の礼拝の中心に据えられるということはないようだ。訳者はここ「朝の祈り」の章で紹介しているのだが、「朝の祈り」で必ず唱えるものでもない。ユダヤ教のなかには、教義（ドグマ）を整理することを嫌う風潮もあるらしい。

1) モーゼス・マイモニデス（1135-1204）はギリシア・ラテン語風な呼び方。ラビ・モシェ・ベン・マイモン（ラビ、モーセ、マイモンの息子）の4つの単語の頭文字 rmbm に適当に母音を送り、Rambam ラムバム とも呼ぶ。スペインのコルドバの生まれであるが、迫害を避けて一家でモロッコへ逃れ、最後はエジプトのカイロに落ち着いた。ユダヤ法の権威であるが、哲学者でもあり医学にも通じた超人であった。
2) 表題を〈 〉でくくったが、ここでは〈 〉は表題と同じ名称の祈りが複数存在することを表す。

信仰の 13 箇条

シュロシャ・アサール・イカリーム 13 ikarim

　上で説明したように、これはモーゼス・マイモニデスが定めたもの。筆致は散文である。すべての箇条が「私は全き信仰をもって信じます[1]」という文言で始まる。各箇条には番号がついている。

1　私は全き信仰をもって（以下を）信じます。
　　創造者は被造物を創り、それらすべてを導き、ただ一人ですべての業を、かつて行い、今行い、これからも行われる。
2　私は全き信仰をもって（以下を）信じます。
　　創造者は唯一であり、そのような唯一性は決して他にはない。彼のみが我らの神であり、昔いまし、今いまし、代々にいます。
3　私は全き信仰をもって（以下を）信じます。
　　創造者は肉体（物質）ではなく、物質的にそれを感知することはできない。
　　また神に似たものは全く存在しない。
4　私は全き信仰をもって（以下を）信じます。
　　創造者は初めであり、終わりである[2]。
5　私は全き信仰をもって（以下を）信じます。
　　創造者に対してのみ祈りを奉げるに相応しく、それ以外に祈るべきものはない。
6　私は全き信仰をもって（以下を）信じます。
　　預言者たちのすべての言葉は真実です。
7　私は全き信仰をもって（以下を）信じます。
　　我らの師なるモーセの預言は真実でした。また彼は、彼の前の預言者たちの、また彼の後の預言者たちの父（原型）でした。
8　私は全き信仰をもって（以下を）信じます。
　　今、我らの手にある律法（教え）全体は、我らの師、モーセに与えられ

たものです。

9　私は全き信仰をもって（以下を）信じます。

これこそ律法であり、変更されず、また創造者から別の律法が出ること
もない。

10　私は全き信仰をもって（以下を）信じます。

創造者は人の行いと思いをすべて知っておられる。「人の心をすべて造
られた主は、彼らの業をことごとく見分けられる[3]」とあります。

11　私は全き信仰をもって（以下を）信じます。

創造者は彼の戒めを守る者に十分に報われ、戒めを犯す者を罰します。

12　私は全き信仰をもって（以下を）信じます。

メシアの来られることを。彼は遅れているが、それでも私は毎日彼を待
ちます。

13　私は全き信仰をもって（以下を）信じます。

創造者が望まれた時に死者の復活があります。創造者の御名が祝福さ
れ、永久に覚えられますように。

1)　ヘブライ語で「アニ・マアミン・ベエムナ・シュレマ」。
2)　イザ 48:12 参照。
3)　詩 33:15。

高められますように

〈信仰の 13 箇条〉

イグダル yigdal

　イグダルは「大きくなる」という意味の動詞ガダルの 3 人称未完了形。祈
りの冒頭の言葉が名称にされている。「大」を意訳して「高」とした。主語
は「生ける神」である。前項で紹介したマイモニデスの「信仰の 13 箇条」
を詩文にしたものである。ただし日本語の訳は残念ながら相応しい詩文では
なく、ほとんど散文である。14 世紀の作とみられるが、作者は不詳である。
本文の各箇条には番号は付いていないが、便宜的に番号を付けた。さきに紹

介した「信仰の13箇条」と比較すると、例えば1、5、6、7、8などは内容がぴったりと対応していない。

1 生ける神が高められ、讃えられるように。
　　神は存在するが、その存在は時間に拘束されない。
2 神はひとつであるが、神のような唯一のものは他にない。
　　その唯一性は測り難く、無限である。
3 神には体のようなものはなく、また神は物体でもない。
　　その聖性には比べるものがない。
4 神はすべての被造物に先立つ。
　　神は最初であるが、神ご自身には初めはない。
5 見よ、世界の支配者である神を。
　　神はすべて創られたものに、その偉大さと権威を示す。
6 神はその宝であり栄光であるご自身の民に、多くの預言を与えられた。
7 イスラエルには、再びモーセのような預言者は現れなかった[1]。
　　モーセは預言者であり神のみ姿を見た。
8 神は正しい教えを、その民に授けた、その信頼する預言者を通して。
9 神はその法を変えたり他のものと代えたりしない。世々に渡り。
10 神は我らを見て、隠れた思いを知っている。
　　ものごとの結末を始めに見ている。
11 神は人にその働きに応じて恵みを報いる。
　　悪しき者には、その悪に応じて災いを与える。
12 終わりの日に、神は我らのメシアを遣わす。救いを待つ者を贖うために。
13 神は豊かな恵みをもって、死せるものを蘇えらせる。
　　その栄光の御名が永遠に祝福されますように。

1) 申34：10。ちなみに、この「高められますように」の基となった「信仰の13箇条」を
定めたラビ・モシェ（モーセ）は、不世出の傑物であったので、この句をもじって「（旧
約の）モーセから（12世紀の）モーセにいたるまで、モーセ（のような偉大な者）は現

れなかった」と言い習わされる。

私は信じます　　　　　　　　〈信仰の13箇条〉

アニ・マアミン ani maamin

アニは「私」の意の人称代名詞。マアミンは「信じる」の意の動詞。「信仰の13箇条」と「高められますように」を先に紹介したが、これに対して、内容は前二者と基本的にはほぼ同じだが、形がかなり異なる、すなわち文言が非常に簡潔なものがある。

陳腐であるが、冒頭部分にある文言をとって「私は信じます」と仮に命名する。原文の各箇条には番号が付されている。

私は全き信仰において、ここに聖なる律法の13箇条を信じます。
1　聖なる方（その方は祝福されよ）は存在し、（世界を）総攬される。
2　その方は唯一です。
3　その方に肉体はなく、また姿もありません。
4　その方はすべてに先んじて存在していました。
5　その方以外を崇拝してはなりません。
6　その方は人の思いを知っておられる。
7　我らの師、モーセ（その上の平安あれ）の預言は真実です。
8　モーセはすべての預言者の頭です。
9　律法は天から授けられました。
10　それは一瞬たりとも決して変更されません。とんでもないことです。
11　聖なる方（その方は祝福されよ）は悪人を罰し、善人によきもので報われます。
12　王なる救い主が来られます。
13　死せるものは、やがて蘇ります。

我らの神、我らの先祖の神なる主、我らが世にある限りいつもあなたを礼

拝するように仕向けてくださいますように。アーメン、それがご意思であり
ますように。

光を造る方

ヨツェール・オール yotzer or

　ヨツェールは「造る」という動詞ヤツァールの分詞形で「造る者」の意、
オールは「光」の意。冒頭の頌栄の次に来る文の最初の言葉が「光を造る方」
（ヨツェール・オール）で、これが名称となっている。

　世界の王、我らの神、主なるあなたは祝福されますように。光を造り、闇
を創造し、平安をもたらし、これらすべてを創造する方[1]。地とその上に住
む者を慈しみ深く照らし、良き物をもって日々絶えず創造の営みを新たに
する方。主よ、御業はいかにおびただしいことか。あなたはすべてを知恵に
よってなし遂げられた。地はお造りになったものに満ちている[2]。昔から一
人高きにおられる方。遠い（昔の）日々から讃えられる方、ほめ讃えられる
方、高くされる方。永遠の神よ、豊かな憐れみをもって私たちを憐れんでく
ださい。私たちの力の主よ、私たちの岩の砦よ、私たちの救いの盾、私たち
の砦よ。
　祝福するべき神、その知識は偉大で、太陽の光を備え、それに働きかけら
れた。良き方（神）は御名のために誉れをなし、その御力の周りに諸々の光
を配し、その軍勢の聖なる指揮者たちは、全能者を高め、絶えず神の尊厳と
神聖を語る。
　私たちの神なる主よ、高き天と低き地において、あなたが祝福されますよ
うに。あなたのすべての手の業の祝福を通し、また、あなたが形作った諸々
の光り輝くものを通し、それらがあなたに栄光を帰しますように。セラ[3]。
　我らの岩、我らの王、我らの贖い主、聖なるものを創造される方よ、あな
たが永遠にあがめられますように。我らの王よ、召使いらを形作る方よ、御
名がとわに讃えられますように。召使いらは世界の高みに立ち、永遠の王で

ある生ける神 [4] の言葉の声を、恐れをもって唱える。（召使いらは）みな愛され、みな完璧で、みな勇士で、みな神聖で、恐れと畏怖をもって彼らの造り主の意思を遂行する。聖性と清さと賛歌と頌栄をもって、みな口を開き、祝福し、讃え、賛美し、敬い、聖別し、王権を認めます。

　神の御名、偉大で勇敢で恐るべき王、彼は神聖です [5]。みな天の王権の軛をお互いに自身に受け入れ、愛をもって彼らを創造した方を聖別する権能を、冷静に明瞭で心地よい言葉で互いに与えます。皆がひとつとなって恐れをもって表明し、畏怖をもって（次のように）言う。

　「聖なる、聖なる、聖なる万軍の主。主の栄光は、地をすべて覆う [6]」

　またオファニーム（車輪）と聖なるハヨット（生き物）[7] は大きい音でセラフィーム [8] に対して高く構え、賛美して（次のように）言う。

　「御住まいの主の栄光はほむべきかな [9]」

1)　イザ45：7参照。
2)　詩104：24。
3)　セラについては「ツィツィットの着用」注7参照。
4)　エレ10：10参照。
5)　申10：17、詩99：3参照。
6)　イザ6：3。
7)　エゼ1：15以下のオファニーム（単数オファン）とハヨット（単数ハヤ）が擬人化され、天使的存在とされている。
8)　セラフの複数形。イザヤが見た天使である。イザ6：1-6参照。
9)　エゼ3：12（新改訳）。

〈数々の讃美の句〉

プスケ・ドゥズィムラ [1] pske d-zimura

　主に詩篇と聖書のその他の箇所の詩文からなる一連の讃歌で [2]、全体として神の偉大さを歌いあげるものである。「朝の祈り」の核心部分が始まる前の、いわば準備の祈りであると説明される。プスケ・ドゥズィムラという名称はアラム語であるが、含まれる個々の祈りはヘブライ語である。「言われ

た方は祝福されますように」で始まり、「(御名が) 讃美されますように」で
終わる。その間に「幸いなことよ」、「海の歌」など数々の詩文が含まれる。

　上述のようにプスケ・ドゥズィムラは、特定のひとつの祈りの名称ではな
く、複数の祈りの総称である。漠然としているので紹介をためらったが、
「朝の祈り」を調べていると度々遭遇するので紹介することにした。

　1)　プスケは「節」や「句」を意味するパスークの連語形複数。ドゥズィムラは「賛美」
　　　を意味するズィムラに「〜の」を意味するドゥが付いたもの。手島佑郎氏は「はじめに」
　　　(3頁) で触れた『ユダヤ教入門』で「ペスケイ・デ・ズィムラ」と音訳し、「讃美歌
　　　精選集」と訳している。
　　　　宗派によってはズィムラの複数形「ズミロット」(讃歌) と呼ばれる。
　2)　表題を〈　〉でくくったが、ここでは〈　〉は連続して唱えられる一連の祈りの総称
　　　を意味する。〈信仰の13箇条〉注2 (39頁) 参照。

言われた方は祝福されますように　　〈数々の讃美の句〉

バルーフ・シェアマール baruch she-amar

　バルーフは祈りに頻出する言葉である。本書ではできるだけ「祝福されま
すように」と訳したが、「誉むべきかな」とも訳される。シェは関係詞。ア
マールは動詞「言う」の完了形。〈数々の讃美の句〉の最初の祈りである。

　言われた方は祝福されますように。そうしたら、この世界が出現しまし
た。その方は祝福されますように。言葉を発し、実行される方は祝福されま
すように。決定し、実行する方は讃えられますように。天地創造をされる
方は祝福されますように。地を憐れむ方は祝福されますように。被造物を憐
れむ方は祝福されますように。その方を畏れる者に十分に報いる方は祝福さ
れますように。永久に生き、とこしえに存在する方は祝福されますように。
贖い、救う方は祝福されますように。その御名は祝福されますように。世界
の王なる、我らの神、主なるあなたは祝福されますように。神、慈愛に満ち
た父、その民の唇で誉め讃えられる方、その信奉者、従う者の言葉で崇めら
れ、栄光を帰される方。我らの神、主よ、あなたの僕ダビデの歌で我らはあ

なたを讃美します。我らの神なる主よ、讃美と讃歌をもって、我らはあなたを讃えます。我らはあなたを大いなるものとし、あなたを讃美し、あなたに栄光を帰し、あなたを王とし、あなたの御名を覚えます。我らの王よ、我らの神よ、唯一にして、永遠におられる方、王よ、その偉大な御名は永遠に讃美され、栄光を帰されます。主なるあなた、讃美によって讃えられる王は祝福されますように。

幸いなことか 〈数々の讃美の句〉

アシュレ ashre

　詩篇145篇がこの祈りの中核をなすが、その前後に下記の本文に見るごとく詩篇の他の箇所からの数節を付加してひとつの独立した讃美の祈りとしている。冒頭に「アシュレ」（幸いなことか）という言葉で始まる文言が3つあるところから、この名称がある。新共同訳聖書はアシュレを「いかに幸いなことでしょう」、あるいは「いかに幸いなことか」と訳している。この言葉は、詩篇1篇1節の言葉であり、実に詩篇の冒頭を飾るものでもある。

　詩篇145篇は、神の偉大さ、恵み、威光、救いなどを内容とする。実は詩篇の中で題名として「ダビデの賛美（トゥヒラ）」と銘打っているのはこの篇のみである[1]。詩篇のことをヘブライ語で「トゥヒリーム」（トゥヒラの複数形）というが、それは、ここからきている。アシュレを唱える習慣はタルムードにも言及があり、古いしきたりとされる。

いかに幸いなことか、
あなたの家に住むことができるなら
まして、あなたを賛美することができるなら。セラ[2]。
いかに幸いなことか、このような民は。
いかに幸いなことか、主を神といただく民は[3]。
　（ここに詩篇145篇全篇が入る）
私たちこそ、主を讃えよう

今も、そして、とこしえに。ハレルヤ[4]。

1) 新改訳による。新共同訳は「賛美。ダビデの詩」としているが、正確ではない。
2) 詩84:5。
3) 詩144:15。
4) 詩115:18。

海の歌

〈数々の讃美の句〉

シーラット・ハヤム shirat ha-yam

　モーセに率いられてエジプト脱出を図るイスラエルの民は、乾いた葦の海を渡って勝利の内に出エジプトを全うする。この時に唄(うた)われたのが、有名な「海の歌」である。シーラットは「歌」の意のシーラの連語形。ハヤムは「海」の意のヤムに冠詞「ハ」が付いたもの。別名を「その時、歌った」（アズ・ヤシール az yashir）という[1]。歌は出エジプト記14章30節から15章19節の箇所。なぜこの歌がプスケ・ドゥズィムラのなかで、日々唱えられるようになったのかについては、「あなたがエジプトの国から出た日を、あなたの一生の間、覚えているためである」（申16:13）という戒めを実行するためであると理解されている。

（長いので、祈り本文の記載を省略する。出14:30-15:19を参照されたい）

1) 出14:30, 31は歌本体のいわば前書きである。新共同訳は出15:1から始まる詩文に、いみじくも「海の歌」という「小見出し」を与えているが、これは編集者の命名というより、古くからある呼称の借用である。

（御名が）賛美されますように

イシュタバッハ yishtabach

イシュタバッハは「賛美する」を意味する動詞シャバーハのヒットゥパエル形、3人称未完了形。〈数々の讃美の句 ブスケ・ドゥズィムラ〉の締めくくりの祈り。

我らの王、神、天と地の偉大なる、聖なる王よ、あなたの御名が永遠に賛美されますように。主よ、我らの神よ、我らの祖先の神よ、歌と讃美、頌栄と詩歌、力と支配、勝利と偉大さと強さ、称賛と栄光、神聖さと権威、祝福と感謝、これらはあなたに、あなたの偉大な、また神聖な御名に相応しいです。とこしえにあなたは神です。主なるあなた、讃美をもって讃えられる偉大なる王が祝福されますように。感謝の神、奇跡の主、すべての命の造り主、すべての業の支配者、讃美の歌を選ぶ方、王、唯一の方、神、世界の命。
アーメン。

豊かな愛

アハバ・ラバ ahaba raba

アハバは「愛」の意、ラバは「多い、豊富な」の意。一般には「朝の祈り」において「聞け、イスラエルよ」の朗詠の前に唱える祝福のひとつと説明されるが、実際は祈禱書によっては次に紹介する「永遠の愛」がこの位置に置かれていることもある。この2つは以下に見るように、相違もあるが非常に似ている祈りである。

豊かな愛をもって、我らの神、主よ、あなたは我らを愛されました。また身に余る大いなる憐れみをもって、我らを憐れまれました。我らの父、我らの王よ、あなたに信頼し、あなたが命の掟 おきて を教えた我らの先祖の名におい

49

て、我らを慈しみ、教えてください。我らの父、慈悲深い父、慈しみを垂れる父よ、我らを憐れんでください。我らの心が、あなたのすべての教えの学びを理解し、悟り、聞き、学び、教え、守り、行い、愛を持って実践するようにしてください。あなたの教えに我らの目を覚まさせてください。あなたの戒めに我らの心を沿わせてください。あなたの御名（みな）への愛と畏れへ我らの思いを合わせてください。永遠に我らは恥じることがありません。我らはあなたの畏れ多い、偉大なる、聖なる御名に信頼したので、あなたの救いを喜び、祝福したいのです。世界の四隅から我らを平安のうちに来たらせ真っ直ぐに立って、我らの土地へ導いてください。あなたは救いを遂行される神、諸国の中から、また諸々の言葉（を語る民）の中から我らを選ばれたからです。我らの王よ、あなたは真実をもって、セラ [1]、我らをあなたの偉大な御名に近づけられました。あなたに感謝するために、あなたの独一性を述べるために、またあなたの御名を畏れ、愛するように。あなたの民イスラエルを愛をもって選ばれる主なるあなたは祝福されますように。

---

1) 作者は「永遠に」という意味のつもりでセラを使ったのかも知れない。「ツィツィットの着用」注6（28頁）参照。

永遠の愛

アハバット・オラーム ahabat olam

アハバットは、「愛」を意味するアハバの連語形、オラームは「永遠」の意。前項「豊かな愛」の説明を参照。

永遠の愛をもって、我らの神、主よ、あなたは我らを愛されました。また身に余る大いなる憐れみをもって、我らを憐れまれました。我らの父、我らの王よ、偉大なるあなたの名において、またあなたに信頼し、あなたの御心を真心をもって行うように、あなたが命の掟（おきて）を教えた我らの先祖の名において、我らを慈しみ、教えてください。我らの父、慈悲深い父、慈しみを垂れ

る父よ、我らを憐れんでください。我らの心に知恵を授け、あなたのすべての教えの学びを理解し、悟り、聞き、学び、教え、守り、行い、愛を持って実践するようにしてください。あなたの教えに我らの目を覚まさせてください。あなたの戒めに我らの心を沿わせてください。あなたの御名への愛と畏れへ我らの思いを合わせてください。永遠に我らが恥じることなく、辱められることなく、また躓かないように。我らはあなたの畏れ多い、英雄的で偉大な、聖なる御名に信頼したので、あなたの救いを喜び、祝福したいのです。あなたの豊かな慈しみと憐れみが、我らの神、主よ、我らを見捨てないように、永遠に、セラ[1)]、終わりまで。速やかに我らの上に祝福と平安をもたらしてください、急ぎ世界の四隅から。我らの首にある諸国民の軛を砕いて、速やかに、真っ直ぐに立って我らの土地へ導いてください。あなたは救いを遂行される神、諸国の中から、また諸々の言葉（を語る民）の中から我らを選ばれたからです。我らの王よ、あなたは真実と愛をもって、セラ、我らをあなたの偉大な御名に近づけられました。我らがあなたに感謝するために、あなたの独一性を述べるために、またあなたの御名を畏れ、愛するように。あなたの民イスラエルを愛をもって選ばれる主なるあなたは祝福されますように。

1)　前項「豊かな愛」注1参照。

聞け、イスラエルよ

シュマア・イスラエル shmaa yisrael

シュマアは「聞く」の意の動詞シャマアの命令形。イスラエルを省いて、短く「シュマア」と称することもある。申命記の2箇所（6：4-9, 11：13-21）、および民数記の1箇所（15：37-41）の合わせて3つの引用からなる。これをひとつの祈りとしていることが特徴である。この祈りにはユダヤ教の信仰の核心が含まれており、最も重要な祈りとされる[1)]。「朝の祈り」と

「夕の祈り」で、さらに就寝の際に唱えられる。トゥフィリン[2] という祈り用の身に着ける道具や、メズザという門柱に取り着ける宗教的な器具の中に、シュマアの一部が小さな羊皮紙や紙片に手書きされたり印刷されて収められている。シュマアが命じることの実践である。

　聞け、イスラエルよ。我らの神、主は唯一の主である。あなたは心を尽くし、魂を尽くし、力を尽くして、あなたの神、主を愛しなさい。

　今日私が命じるこれらの言葉を心に留め、子どもたちに繰り返し教え、家に座っているときも道を歩くときも、寝ているときも起きているときも、これを語り聞かせなさい。更に、これをしるしとして自分の手に結び[3]、覚えとして額に付け[4]、あなたの家の戸口の柱にも門にも書き記しなさい[5]。

　もし私が今日あなたに命じる戒めに、あなたたちがひたすら聞き従い、あなたたちの神、主を愛し、心を尽くし、魂を尽くして仕えるならば、私は、その季節季節に、あなたの土地に、秋の雨と春の雨を降らせる。あなたには穀物、新しい葡萄酒、オリーブ油の収穫がある。私はまた、あなたの家畜のために野に草を生えさせる。あなたは食べて満足する。あなたたちは、心変わりして主を離れ、他の神々に仕えそれにひれ伏さぬよう、注意しなさい。さもないと、主の怒りがあなたたちに向かって燃え上がり、天を閉ざされるであろう。雨は降らず、大地は実りをもたらさず、あなたたちは主が与えられる良い土地から直ちに滅び去る。あなたたちはこれらの私の言葉を心に留め、魂に刻み、これをしるしとして手に結び、覚えとして額に付け、子どもたちにもそれを教え、家に座っているときも道を歩くときも、寝ているときも起きているときも、語り聞かせ、あなたの家の戸口の柱にも門にも書き記しなさい。こうして、主が先祖に与えると誓われた土地にあって、あなたたちとあなたたちの子孫の日数は天が地を覆う日数と同様、いつまでも続くであろう[6]。

　主はモーセに言われた。イスラエルの人々に告げてこう言いなさい。代々にわたって、衣服の四隅に房を縫い付け[7]、その房に青いひもを付けなさい。それはあなたたちの房となり、あなたたちがそれを見るとき、主のすべての命令を思い起こして守り、あなたたちが自分の心と目の欲に従って、み

だらな行いをしないためである。あなたたちは、私のすべての命令を思い起こして守り、あなたたちの神に属する聖なる者となりなさい。私は、あなたたちの神となるために、あなたたちをエジプトの国から導き出したあなたたちの神、主である。私はあなたたちの神、主である⁸⁾。

1) マコ 12：29 は、あらゆる掟のうちで第一は「イスラエルよ、聞け」であるとイエスが諭したと伝えている。
2) 「トゥフィリンの装着」（37 頁）参照。
3) 「トゥフィリンの装着」（37 頁）参照。
4) 同。
5) この段落は申 6：4-9。
6) この段落は申 11：13-21。
7) 「タリットの着用」（36 頁）参照。
8) この段落は民 15：37-41。

真実で揺るぎなく

エメット・ヴェヤツィーヴ emet ve-yatziv

　エメットは「真実」、ヤツィーヴは「揺るぎない」の意。ヴェは接続の前置詞。シュマアの朗詠の後に続いて唱えられる贖いの祝福。名称は本文の冒頭の言葉からきている。日本語の翻訳においては、それは冒頭に来ない。夕の祈りの「真実で確かです」（84 頁）とともに「贖いの祝福」（ビルホット・ハゲウラ）と称されることもある。その主題は「贖い」（ゲウラ）である。

　このこと¹⁾は我らにとって永遠に、真実で、揺るぎなく、確実で、絶えることなく、公正で、信頼に値し、愛らしく、親愛で、好ましく、心地よく、畏れ多く、力強く、正しく、認められた、素晴らしく、麗しいことです。
　我らの王なる世界の神、ヤコブの岩、救いの盾は真実です²⁾。神は代々絶えることなく、その御名も絶えることなく、その玉座は堅く立ち、その権威と信頼は永遠です。その御言葉は生きており、絶えることなく、永遠に、

代々に信頼に値し、好ましいものです。我らの先祖にとって、我らにとって、我らの子らにとって、我らの幾世代にとって、あなたの僕、イスラエルの子孫にとって、先のものにも、後のものにも、真実と信頼において、これは素晴らしいもので絶えることなく、不変の定めです。あなたは真に我らの神、主、我らの先祖の神、我らの王、我らの先祖の王、我らを贖う方、我らの先祖を贖う方、我らを創られた方、我らの救いの岩、我らの解放者、我らを救う方、それがあなたの昔からの御名、あなた以外に我らに神はいません。セラ。

　我らの先祖の助け、あなたは昔からそうでした。先祖にとって、その後の子孫にとって、すべての世代にとって、盾であり救いです。あなたの玉座は宇宙の高みにあり、あなたの裁きと正義は地の果てまで及びます。あなたの戒めを聞き、あなたの掟と御言葉を心に置く人はまことに幸いです。まことにあなたは、あなたの民の支配者です。また先祖や子孫のために戦う力ある王です。まことに、あなたは初めであり終わりです[3]。あなた以外に我らには贖い、救う王はいません。まことに我らの神、主よ、あなたはエジプトより我らを贖われました。また奴隷の家から我らを救い出されました。あなたは彼らのすべての長子を殺しましたが、あなたの長子、イスラエルを贖われました。あなたは葦の海を彼らのために裂かれ、不届き者を溺死させました。しかしあなたは愛しい者に海を渡らせ、水はその敵を覆い、一人も残りませんでした。それゆえに愛される者は神を讃え、崇めます。愛しい者は頌栄、讃歌、讃美、祝福、感謝を王なる永遠の生ける神にささげます。神は、高く崇められ、偉大で畏れ多く、高ぶる者を地に下らせ、低き者を高きに上らせ、囚われ人を引き出し、卑しい者を解き放ち、貧しい者を助けます。神はその民、イスラエルが神を呼び求める時に答えられます。

　至高の神、彼らを贖う方（その方に祝福あれ）への賛歌。モーセとイスラエルの子らは大いなる喜びのうちにあなたに歌を歌い、みな言いました。「主よ、神々の中に、あなたのような方が誰かあるでしょうか。誰があなたのように聖において輝き、ほむべき御業によって畏れられ、くすしき御業を行う方があるでしょうか[4]」。新しい歌をもって贖われた者たちが浜辺であなたの偉大な御名を讃えました。皆がともに感謝し、王権を認め、言いまし

た。主は永遠に治められる、と。

　イスラエルの岩よ、イスラエルの助けに立ち上がってください。約束に従いユダとイスラエルを解放してください。「私たちの贖い主、その御名は万軍の主、イスラエルの聖なる神[5]」と言われています。主なるあなた、イスラエルを贖ったあなたは祝福されますように。

1)　この祈りの直前に「私は彼らの神、主である」という文言（出 29：46）が先行しており、そのことを指すとみられる。
2)　詩 18：3 参照。
3)　イザ 44：6 参照。内容に合わせて「私」が「あなた」に改変されている。
4)　出 15：11。
5)　イザ 47：4。

立　禱　（18 連禱）

アミダ amida ／シュモネ・エスレ shmone esre

　起立の状態でこれを唱えるので、「起立（の状態）」を意味するヘブライ語、アミダが名称となった[1]。またシュモネ・エスレの別名もある。シュモネ・エスレとは 18 を意味するヘブライ語の数詞であるが[2]、この祈りが元々 18 の祝福からなっていたので、この名称がある。のちにひとつ増えて実際は 19 の祈りとなっているが、名称はそのまま残った。また、この祈りはユダヤ教の礼拝の中核をなす、ひときわ重要な祈りなので、ヘブライ語で祈りを意味する言葉に冠詞「ハ」を付けて「ハ・トゥフィラ」と呼ばれることもある。しかし一般には、専ら「アミダ」か「シュモネ・エスレ」で通っている。そこで、どちらが正式の名称なのか、あるいは使用頻度が優っているのか探ってみたが、軍配はどちらにもあがらなかった。便宜のために、本書ではアミダ、すなわち「立禱」をできるだけ使うことにする。なお 12 番目の［異教徒の呪い］こそ、後に加えられたのである[3]。

　下に見る通り 19 の祈りには名前があるが、もともとは本文にはなかったと思われる。また本文には番号も付いていないが、便宜的に番号を添えた。

なお、[　]の括弧で挟んだ19の祈りは、独立した祈りではあるが、あくまでも「立禱」というひとつの祈りを構成するものなので、本書の巻末の索引には「立禱」しか現れない。しかし、19の祈りを一覧できたら便利なので、一覧表を索引の前（208頁）に付した。

　なお、この祈りは安息日、また「3つの巡礼の祭り」（シャロッシュ・レガリーム）[4]と呼ばれる祭日には、やや異なる形をとる。それぞれの項で確認されたい（157頁以下）。

　[前文]

　主よ、私のくちびるを開いてください。そうすれば、私の口は、あなたの誉れを告げるでしょう[5]。

　1 ［族長たち］　アヴォット[6]　avot

　我らの神、族長たちの神、アブラハムの神、イサクの神、ヤコブの神、主なるあなたは祝福されますように。主は偉大な神、勇者にして、恐れ多きもの、至高の神、慈しみを報いる方、すべてを造り、祖先の敬虔な業を覚え、その名の故に愛をもって、その子孫たちに贖いをもたらす方。

　助け、救い、守りである王。主なるあなた、アブラハムの盾は祝福されますように。

　2 ［(神の) 力］　グヴロット[7]　gvurot

　あなたは永遠の勇者、主よ。あなたは死者を蘇らせる方、豊かに救う方。

　生ける者を恵みで養い、死者をあふれる慈悲で蘇らせ、倒れる者を支え、病人を癒し、囚われ人を放ち、塵の中に眠る者に対して誠実さを守られます。勇者よ、誰があなたのようでしょうか。殺し、生かし、救いをもたらす王、誰があなたに比べられましょう。

　あなたはすべてを蘇らせることを任されています。死者を蘇らせる主なるあなたは祝福されますように。

　3 ［御名の神聖さ］　ケドゥシャット・ハシェム[8]　kedushat ha-shem

あなたは聖なる方です。あなたのみは神聖です。聖徒たちは毎日あなたを讃えます。セラ。あなたは神、偉大な、神聖な王だからです。聖なる神、主なるあなたは祝福されますように。

4 ［理解力］　ビナ bina　あるいは［知識］　ダアット daat

あなたは人に知識を授け、人間に理解力を教えられる。知恵と理解力と知識を与えてください。知識を与える主なるあなたは祝福されますように。

5 ［悔い改め］　トゥシュヴァ tshuva

我らの父よ、あなたの教えに我らを呼び戻してください。我らの王よ、あなたの礼拝に我らを近づけてください。われらを、あなたの御前に全き悔い改めをもって呼び戻してください。悔い改めを望まれる主なるあなたは祝福されますように。

6 ［赦し］　スリハ slicha

我らの父よ、我らを赦してください。我らは罪を犯しました。我らの王よ、我らは過ちを犯しました。我らを赦してください。あなたは良き神、赦す方です。慈悲深く赦される主なるあなたは祝福されますように。

7 ［贖い］　ゲウラ geula

我らの悩みをどうか見てください。我らの争いを弁護して我らを贖ってください。あなたの御名のために、速やかに我らを贖ってください [9]。あなたは強い贖い主だからです。イスラエルを贖う主なるあなたは祝福されますように。

8 ［癒し］　レフア refua

我らを癒してください。そうすれば我らは癒えるでしょう。我らを救ってください。そうすれば我らは救われるでしょう [10]。あなたは我らの誉れだからです。すべて我らの傷ついた者を完全に癒してください。あなたは神、王、頼もしい、慈悲深い癒す方だからです。主なるあなた、あなたの民、イ

57

スラエルの病める者を癒す方は祝福されますように。

9［年々の祝福］　ビルカット・ハシャニーム [11] birkat ha-shanim

主なる我らの神よ、我らのためにこの年を、すべての種類の作物を良きに祝福してください。地の表に露と雨を祝福として与え、我らを良きもので飽き足らせ、我らの年を豊年となるように祝福してください。あなたは良き神、良くする神、年々を祝福する方ですから。年々を祝福する主なるあなたは祝福されますように。

10［離散からの集合］　キブーツ・ガルヨット [12] kibutz galyot

我らの解放のために、大きな角笛を吹き鳴らしてください。旗を掲げ離散の民を集めてください。我らの地に世界の四隅から我らを急ぎ集めてください [13]。　イスラエルの散らされた民を集める主なるあなたは祝福されますように。

11［公正］　ディン din（あるいは、ミシュパット [14] mishpat）

我らの裁き人を初めの日々のように、我らの顧問官を元のように戻し [15]、悩みと溜め息を我らから取り去ってください。慈悲と慈愛をもって主なるあなただけが、急ぎ我らを支配し、正義と公正をもって我らを正すように。正義と公正を愛する主なるあなたは祝福されますように。

12［異教徒への呪い］　ブラハット・ハミニーム [16]　brachat ha-minim

（我らを）中傷する者には望みがないようにしてください。異教徒が一瞬にして滅びますように。あなたの民のすべての敵が速やかに絶えますように。傲慢（ごうまん）な者を速やかに根絶やしにし、砕き、投げつけ、我らの時代に彼らを滅ぼし、卑しめ、屈服させてください。敵を砕き、傲慢な者を屈服させる主なるあなたは祝福されますように。

13［義人］　ツァディキーム　tzadikim

正しい者、敬虔な者、あなたの民イスラエルの長老たち、その学者たちの

58

残れるもの、正しき改宗者、そして我々自身の上に、我らの神、主よ、恵みがありますように。あなたの御名を真に信頼する者へ豊かな報いをください。そして我らの分け前を永久に彼らのものと共に置き、あなたを信頼したことで恥を見ないようにしてください[17)]。我らは、あなたの大いなる慈愛に誠意をもって信頼しました。正しき者の支え、また頼みである、主なるあなたは祝福されますように。

14［エルサレムの建設[18)]］　ビンヤン・エルシャライム[19)]　binyan yerushalaim

あなたの都エルサレムに帰り、かつて語られたように、その中にお住まいください。速やかに、我らの時代に恒久の宮として建ててください。あなたの僕（しもべ）、ダビデの玉座をその内に早く備えてください。エルサレムを建てる主なるあなたは祝福されますように。

15［ダビデ家の支配］　マルフート・ベット・ダヴィッド[20)]　malchut bet david

あなたの僕、ダビデの若芽（子孫）を速やかに芽生えさせてください。その光をあなたの救いをもって高めてください。我らは終日あなたの救いを求めているのですから。救いの光を咲かせる主なるあなたは祝福されますように。

16［祈りの聞き入れ］　カバラット・トゥフィラ[21)]　kabalat tfila

慈悲深い父よ、我らの神なる主よ、我らの声をお聞きください。我らを憐れみ、同情してください。憐れみと好意をもって我らの祈りを受け入れてください。あなたは祈りと願いを聞かれる神。我らの王よ、我らを御前（みまえ）から空しく去らせないでください。我らに慈悲をたれ、我らに答え、我らの祈りを聞いてください。あなたは、慈しみをもって、あなたの民、イスラエルのすべての唇の祈りを聞かれるからです。祈りを聞かれる主なるあなたは祝福されますように。

17［礼拝］　アヴォダ[22)] avoda

我らの神、主よ、あなたの民イスラエルを受け入れてください。その祈り

をお聞きください。その礼拝を、あなたの宮の至聖所に戻してください。イスラエルの火による犠牲と祈りを愛と好意で受け入れてください。あなたの民、イスラエルの礼拝がいつも好意を得ますように。

18［感謝］ホダア hodaa

我らはあなたに感謝します。あなたは主なる我らの神、我らの先祖の永遠の神です。あなたは世々我らの岩、我らの命の岩、我らの救いの盾。我らはあなたに感謝し、あなたの栄誉を語ります[23]。あなたの御手に委ねられた我らの命のゆえに、またあなたに託された我らの魂のゆえに、日々我らと共にあるあなたの奇跡のゆえに、あなたのくすしい御業、夕べに、朝に、日中にと、いつも慈しみのゆえに。良き方、あなたの慈愛は終わりがなく、慈悲深い方。あなたの慈愛は絶えることがありませんから、我らは絶えずあなたに希望を託してきましたから。

これらすべてにおいて、我らの王の御名が、代々に祝せられ、高められ、讃えられますように。生けるものすべてがあなたに感謝しますように。セラ。また偉大なるあなたの御名を代々に讃え、祝しますように。なぜならそれは良いことだからです。我らの救いの、助けの神よ。セラ。良き神。主なるあなたは祝されますように。良き御名。あなたに感謝するのは相応しいことです。

19［平安］シャローム shalom
　　　　　　あるいは［平安を給え］スィム・シャローム[24] sim-shalom

我らの上に、あなたの民、イスラエルのすべての上に平安を、福祉を、祝福を、命を、恵みを、慈愛を、慈悲を、与えてください。我らの父よ、我らをひとつとして、あなたのみ顔の光で祝福してください。我らの神、主よ、あなたはあなたの顔の光で、命の律法、慈善の思い、正義、祝福、慈悲、命と平安をくださいましたから。我らを、あなたの民、イスラエルをすべて、あなたの平安において、すべての時、季節に祝福することは、あなたの目にかなうことです。

その民イスラエルを平安で祝福する、主なるあなたは祝福されますよう

60

に。

1) 「立っている」を意味する動詞アマッドから派生した名詞。
2) シュモネは8、エスレは10の意の数詞。
3) 版により、その内容や扱いに異同、変更が多い。また、これを祈りから外したものもある。アメリカの改革派のスィドゥールなどがそうであるが、異教徒あるいは他宗教の信者を卑しめる内容なので外されたのだろう。
4) 過ぎ越しの祭り、七週の祭り、仮庵の祭りを指す（157頁以下参照）。
5) 詩51:17（新改訳による。新改訳では51:15）。
6) 「先祖」「父」を意味するアヴの複数形。
7) 「強さ」「力」を意味するグブラの複数形。
8) ケドゥシャットは「神聖」の意のケドゥシャの連語形、ハシェムは「名」を意味するシェムに冠詞「ハ」が付いたもので、「御名」の意味となる。
9) 詩119:153, 154 参照。
10) エレ17:14 参照。
11) ビルカットは「祝福」の意、ブラハの連語形。ハシャニームは「年」を意味するシャナの複数形に冠詞「ハ」が付いたもの。
12) キブーツは「集まること」の意、ガルヨットは「離散（のユダヤ人）」をいう。
13) イザ11:12 参照。
14) ディンにもミシュパットにも「公正」、「正義」の意味がある。
15) イザ1:26 参照。
16) ブラハットはブラハの連語形で「祝福」のことだが、ここでは真逆の「呪い」の意。ミニームは「異教徒」としたが、「異端」とも訳せる言葉、ミンの複数形に冠詞「ハ」がついたものである。
17) 詩25:2, 71:1 参照
18)「エルサレムの建設」は〈食べ物の祝福〉（169頁以下）にも出てくる重要な題目である。
19) ビンヤンは「建設」の意。エルサレムは、ヘブライ語ではエルシャライムという。
20) マルフートは「王権」、「支配」の意。ベットは「家（系）」の意。
21) カバラットは「受け入れ」、「聞き入れ」の意のカバラの連語形。トゥフィラは「祈り」の意。「祈り」と訳されるヘブライ語はいくつかある。本来「祝福」の意味のブラハ（複数ブラホット）という言葉が「祈り」と意訳されることがよくある。しかし一般に「祈り」に当たるヘブライ語は何か、と言えばトゥフィラである。
22)「つかえる」、「働く」の意味の動詞アヴァッドから派生した言葉であるが、不思議と祈りの中に、あるいは祈りに関係して「礼拝」（アヴォダ）という言葉が出てくることは少ない。
23) 詩79:13 参照。
24) スィムは「定める」の意の動詞サムの命令形。ここでは「ください」すなわち「給え」と意訳する。

聖　別

　この祈りは上記「立禱」の3番目の祈り［御名の神聖さ］のところで挿入
的に唱えられるもので、やや特殊である。ケドゥシャは「神聖さ」、「聖性」
と訳せることばであるが、長谷川真氏の『ユダヤの祈り』から拝借して「聖
別」とした[1]。イザヤ書、エゼキエル書および詩篇からとった頌栄が、そ
の中核をなす。ところが、その導入として (1)、(2)、(3) と番号を施した3
つの型が伝わっている。ユダヤの教派（流派）などによって、どれを使用す
るかが決まっているらしい。3つとも共通して「一人（の天使）が、もう一
人（の天使）に向かって（次のように）言います」と結んで頌栄に移る。

　なお「聖なる、聖なる、聖なる」で始まる同じ頌栄が「光を造る方」（44
頁）の最後の方にもある。

（1）
　聖なるセラフィーム[2]（天使たち）の集いでの心地よい言葉のように、我
らはあなたを聖別し敬います。彼らはあなたの聖性を三重に唱えます。それ
は、あなたの預言者たちによって記され、一人（の天使）が、もう一人（の
天使）に向かって（次のように）言います。

（2）
　我らの神なる主よ、上にあっては大勢の天使が、下においては、あなたの
民、イスラエルの集える人々が、あなたに冠を差し上げます。皆がひとつに
なって聖別（ケドゥシャ）を3度唱えます。あなたの預言者たちによって記され、一人（の
天使）が、もう一人（の天使）に向かって（次のように）言います。

（3）
　我らは、御名（みな）を地上で聖別します。ちょうど、天の高みにおいて御名が聖
別されるように。あなたの預言者たちによって記され、一人（の天使）が、
もう一人（の天使）に向かって（次のように）言います。

（以下は上記３つに共通する頌栄の核心部分）

「聖なる、聖なる、聖なる万軍の主。主の栄光は、地をすべて覆う³⁾」

それに対面しているものは賛美して（次のように）言う。

「御住まいの主の栄光はほむべきかな⁴⁾」

あなたの聖なる言葉で（次のように）書かれています。

「主はとこしえに王。シオンよ、あなたの神は代々に王。ハレルヤ⁵⁾」

1)　『ユダヤの祈り』70 ページ。
2)　セラフの複数形。イザヤが見た天使である。イザ 6：1-6 参照。
3)　イザ 6：3。
4)　エゼ 3：12（新改訳）。
5)　詩 146：10。

祭司の祝福

ビルカット・コハニーム birkat kohanim

　ビルカットは「祝福」の意のブラハの連語形。コハニームは「祭司」の意のコーヘンの複数形。ヘブライ語の名称に倣って、日本語でも「祭司の祝福」としたが、より分かり易いのは「祭司による祝福」である。祝福の内容は、民数記 6 章 24-26 節の 3 節の文言である。新共同訳聖書も、これを含む段落をいみじくも「祭司による祝福」と銘打っている。23 節に「あなたたちはイスラエルの人々を祝福し……なさい」とある。現今は正統派にあっては、会堂において、日々の祈りの機会にコーヘン姓の人が、人々を祝福する習慣がある。「コーヘン」は姓となってユダヤ人の間に受け継がれている。言わば世襲なのである。

　世界の王、我らの神、主なるあなたは祝福されますように。主は、アロンの聖性において我らを聖別し、我らにその民、イスラエルを愛をもって祝福するように命じられました。（すなわち）
　主があなたを祝福し、あなたを守られますように¹⁾。

主が御顔(みかお)を向けてあなたを照らし、あなたに恵みを与えられますように[2)]。

主が御顔をあなたに向けて、あなたに平安を賜(たまわ)るように[3)]。

1) 民 6：24。
2) 民 6：25。
3) 民 6：26。

祭司の祝福（ピユート）

ビルカット・コハニーム birkat kohanim

民数記の箇所（6：24, 25, 26）にちなんで、このピユートが作られた。前項の祈りと同一の名称なので「ピユート」と書き送って区別することにした。ピユートとは儀式に使うヘブライ語の詩文を言う。作者は不明である。このピユートの構造は説明が必要である。「祭司の祝福」の核心部分は前項の最後の3節（行）で、ヘブライ語の原文では、各節（行）はそれぞれ3文節（単語あるいは言葉）、5文節、7文節からなる。文節ごとに読点を施し、原文の語順にあわせて日本語を下に並べ替えてみた。古典ヘブライ語では、主語と述語、また目的語の倒置がある。

24節　あなたを祝福し、主が、あなたを守られるように。（3文節）
25節　照らし、主が、御顔を向けて、あなたを、
　　　（そして）あなたに恵みを与えられるように。（5文節）
26節　向けて、主が、御顔を、あなたに、
　　　（そして）賜(たまわ)るように、あなたに、平安を。（7文節）

ピユートの作者は、上述の3つの各節の文節（単語、言葉）を、主に冒頭に頂く節（文）、あるいは節（文）のどこかに「それらしいもの」を含むものを、詩篇あるいは、旧約聖書のその他の書から探し出してきて、15の節

からなるピユートを作った。15 というのは、3、5、7 の和である。かくて、それぞれが、3 節、5 節、7 節からなる 3 つの連（スタンザあるいは段落）を持つピユートが生まれた。そこで日本語訳の 15 の節（文）に、それぞれ下線を施し、それがヘブライ語原文における該当する文節（単語あるいは言葉）であることを示した。しかし、その対応関係は、分かり易いものもあるが、ヘブライ語原文同士においてもピッタリしないものもある。まして、日本語訳においては分かりにくいものが複数ある。本文に番号はないが、分かり易くするために便宜的に付けた。1-1 は最初（第 1）の連の最初（第 1）の節の意である

1-1　天地を造られた主が、シオンから<u>あなたを祝福して</u>くださるように [1)]。

1-2　<u>主よ</u>、私たちの主よ、あなたの御名<ruby>御名<rt>みな</rt></ruby>は、いかに力強く、全地に満ちていることでしょう [2)]。

1-3　神よ、<u>守って</u>ください、あなたを避けどころとする私を [3)]。

2-1　神が私たちを憐れみ、祝福し、<u>御顔の輝きを</u><ruby>御顔<rt>みかお</rt></ruby>
　　　私たちに向けてくださいますように。セラ [4)]。

2-2　<u>主</u>、主、憐れみ深く恵みに富む神、忍耐強く、慈しみとまことに満ち [5)]、

2-3　<u>御顔</u>を向けて、私を憐れんでください。私は貧しく、孤独です [6)]。

2-4　主よ、私の魂は<u>あなた</u>を仰ぎ望みます [7)]。

2-5　御覧ください、僕が主人の手に目を注ぎ、はしため<ruby>僕<rt>しもべ</rt></ruby>が女主人の手に目を注ぐように、私たちは、神に、私たちの主に目を注ぎ、<u>憐れみ</u>を待ちます [8)]。

3-1　主はそのような人を祝福し、救いの神は恵みを<u>お与え</u>になります [9)]。
　　　そうすれば、神と人の目に好意を得、成功するでしょう [10)]。

3-2　<u>主よ</u>、我らを憐れんでください。我々はあなたを待ち望みます。

朝ごとに、我らの腕となり、苦難のとき、我らの救いとなってください [11]。

3-3　苦難が私を襲う日に、<u>御顔を隠すことなく、御耳を向け</u>、あなたを呼ぶとき、急いで答えてください [12]。

3-4　目を上げて、私は<u>あなた</u>を仰ぎます、天にいます方よ [13]。

3-5　彼らが私の名をイスラエルの人々の上に<u>置く</u>とき、私は彼らを祝福するでしょう [14]。

3-6　偉大さ、力、光輝、威光、栄光は、主よ、<u>あなた</u>のもの。まことに天と地にあるすべてのものはあなたのもの。主よ、国もあなたのもの。あなたはすべてのものの上に頭（かしら）として高く立っておられます [15]。

3-7　<u>平和、平和、遠くにいる者にも近くにいる者にも。私は彼をいやす、と主は言われます</u> [16]。

1)　詩 134：3。
2)　詩 8：10。
3)　詩 16：1。
4)　詩 67：2。
5)　出 34：6。
6)　詩 25：16。
7)　詩 25：1。
8)　詩 123：2。
9)　詩 24：5。
10)　箴 3：4。
11)　イザ 33：2。
12)　詩 102：3。
13)　詩 123：1。
14)　民 6：27。
15)　代上 29：11。
16)　イザ 57：19。

私の神よ、お守りください

エロハイ・ネツォール elohai netzor

エロハイは「私の神」の意。ネツォールは動詞「救う」、「守る」の命令形。祈りの冒頭の2つの言葉が名称になっている。

　私の神よ、私の舌を悪から、私の唇が欺きを語ることからお守りください[1]。私を呪う者に対しては、私の魂を黙させ、誰に対しても塵のように（謙虚に）してください。私の心を、あなたの教え（トーラー）に向けて開き、私の魂があなたの戒めを追い求めるようにしてください。私に敵対し、悪しきことを企む者があれば、その思いを速やかに無効にし、企みを覆してください。私の神、私の先祖の神よ、人が私をねたみ、また私が人をねたみませんように。また今日、私が怒ることなどなく、またあなたを怒らせることがありませんように。邪悪な思いから私を救い、私の心に従順と謙遜をお与えください。我らの王、我らの神よ、あなたの御名があなたの世界でひとつとなり[2]、あなたの都が建立され、あなたの宮の基が据えられ、あなたの神殿が完成し、離散の民を集め、あなたの羊の群れを贖い、あなたの会衆を喜ばせてください。あなたの御名のために行ってください。あなたの右の手のために行ってください。あなたの教えのために行ってください。あなたの聖性のために行ってください。あなたの愛する人々が助け出されるように、右の御手でお救いください。それを我らへの答えとしてください[3]。どうか、私の口の言葉が御旨にかない、心の思いが御前に置かれますように。主よ、私の岩、私の贖い主よ[4]。

1)　詩 34：14 参照。
2)　「唯一となり」の意か。
3)　詩 60：7、108：7。
4)　詩 19：15

〈嘆願〉

タハヌーン tachanun

　〈数々の讃美の句〉（45頁以下）と似ていて、これは一連の祈りの総称である。タハヌーンとは「嘆願」の意であるが、朝と午後の礼拝、すなわちシャハリットとミンハにおける「立禱」（アミダ）の後に追加として唱える一連の祈りの総称である。内容は神の慈悲と救いを乞うもの。かつては床や地面に平伏して唱えるのが習いであった。ここから「平伏」（ネフィラット・アパイム）[1] という別名がある。文字通りには「顔の上に伏すこと」のようであるが、現今は椅子に座した状態で、腕に額を沈めて唱えたりするらしい。タハヌーンに含まれる祈りはスィドゥールによって異同がある。「懺悔（ざんげ）」から始まり「我らは罪を犯しました」、「怒るに遅い神」と続くのは明らかなのだが、それ以外の祈りは、何が含まれるのか判然としない祈禱書も多い。それが非常に不思議なところだ。本書では、「我らは分からないのです」までをタハヌーンとして扱う。

　タハヌーン（あるいはネフィラット・アパイム）という言葉（名称）もスィドゥールをめくっていると度々出てくるので、紹介しないわけにはいかないと思った。

　1)　ネフィラットは「平伏」を意味するネフィラの連語形。アパイムは「鼻」の意のアフの双数形で、ここでは「顔」の意。

懺悔（ざんげ）

〈嘆願〉

ヴィドゥイ vidui

ヴィドゥイとは、「（罪の）告白」のことで、ここでは「懺悔」と訳した。

我らの神よ、我らの先祖の神よ、我らの祈りが御もとに届きますよう

に とはしないが、実際の表記は[1]。我らの切なる願いから、身を隠さないでください [2]。我らは、主なるあなた、我らの神、我らの先祖の神の御前<ruby>御前<rt>みまえ</rt></ruby>で、我らは正しく、罪を犯していませんと言うほど厚顔で、また頑迷ではありません。否、我らは、また我らの先祖は罪を犯しました [3]。

1)　詩 88：3 参照。
2)　詩 55：2 参照。
3)　詩 106：6 参照

我らは罪を犯しました　〈嘆願〉

アシャムヌー ashamnu

　祈りの冒頭の言葉であるアシャムヌーは「罪を犯す」という意味の動詞アシャムの 1 人称複数完了形。罪の告白の祈りで、贖罪<ruby>贖罪<rt>しょくざい</rt></ruby>の日（ヨム・キプール）の礼拝や日々の祈り（朝の祈りや午後の祈り）で唱えられる。2 つの部分からなり、前半は、各節の冒頭の文字がヘブライ語のアルファベット（全 22 文字）をなす詩文である。「各節」と言ったが、ほとんどが犯した罪を表す動詞（我らは〜した）1 語のみからなるが、4 つほど 2 語からなる節もある。またヘブライ語アルファベットの最後の音（文字）であるタウで始まるものは 3 節（3 つ）ある。したがって前半の詩文は全部で 24 節からなる。このようにアルファベットで祈りが整理されたのは、印刷された祈禱書のない時代にあって、会衆が覚えやすいようにする工夫であると説明される。訳文においては、それを表せない。そこで分かり易いように、各節の頭に原文での頭文字（アレフ、ベット……）を付した。ひとつひとつの罪を告白する度に胸をたたく習慣があるという。後半はネヘミヤ記からの引用など 2 節からなり、短い。

　アシャムヌーは俗に「小さい告白」、「短い告白」と呼ばれ、贖罪の日に唱える「大きい告白」、「長い告白」すなわち「罪を（許してください）」（アル・ヘット）（147 頁）と対比される。

［アレフ］我らは罪を犯しました。

［ベット］裏切りました。

［ギメル］盗みました。

［ダレット］人を中傷しました。

［ヘー］（まっすぐなものを）曲げました。

［ヴァヴ］悪を犯しました。

［ザイン］傲慢に振る舞いました。

［ヘット］暴力をふるいました。

［テット］偽って人のせいにしました。

［ユッド］悪しき助言をしました。

［カフ］不誠実でした。

［ラメッド］軽蔑しました。

［メム］反逆しました。

［ヌン］そそのかしました。

［サメフ］反抗しました。

［アイン］道を誤りました。

［ペー］悪しき振舞いをしました。

［ツァディ］他人を苦しめました。

［コフ］頑迷でした。

［レーシュ］悪しき振舞いをしました。

［シン］堕落しました。

［タウ］忌まわしいことをしました。

［タウ］迷いました。

［タウ］（他人を）迷わせました。

　我らは、あなたの戒めと正しき掟から逸れました。それは我らがなすべきことではなかったのです [1]。私たちに降りかかって来たすべてのことにおいて、あなたは正しかったのです。あなたは誠実をもって行われたのに、私たちは悪を行ったのです [2]。

70

1)　ヨブ 33：27 参照。
2)　ネヘ 9：33（新改訳）。

神よ、怒るに遅い方 いか

エル・エレフ・アパイム el erech apayim

エルは「神」の意 [1]。エレフは「長さ」、転じて「忍耐」の意。アパイム [2]
はここでは「怒り」の意。エレフ・アパイムで「気が長い」すなわち「怒る
に遅い」の意になる。この祈りは、「8　赦し（スリホット）」で紹介する祈り群の中にも現
われる。

　神よ、あなたは怒るに遅い方。あなたは慈愛の持ち主と呼ばれる方。む
かし、あなたは謙虚な者（モーセ）[3] に、あなたの偉大な慈愛と恵みを示さ
れました。たしかにトーラー（五書）に（次のように）書かれています。「主
は雲のうちにあって降り、モーセと共にそこに立ち、主の御名を宣言され
た [4]」。そこでは（次のように）言われています。（すなわち）主は彼の前を
通り過ぎて宣言された。「主、主、憐れみ深く恵みに富む神、忍耐強く、慈
しみとまことに満ち [5]、幾千代にも及ぶ慈しみを守り、罪と背きと過ちを赦
す。そして清める [6]」。
　憐れみ深い方、恵みに富む方よ、我らは、御前に罪を犯しました。我らを
憐れんで、お救いください。

---

1)　ヘブライ語には、他に「神」を意味するものとして「エロヒーム」がある。「ヤハウェ」
　　は神の固有の名前のようだが、ユダヤ教の世界では、これを、そのまま「ヤハウェ」と
　　読む（呼ぶ）ことを憚り、「我が主」（アドナイ）と読む（呼ぶ）ことが習慣となっている。
　　日本語訳聖書も、ヤハウェを「主」としている。
2)　「アパイム」という言葉はタハヌーン（68 頁）の別名。多様な意味を帯びており、元
　　は「鼻」の双数形である。
3)　民 12：3 に「モーセという人は……だれにもまさって謙遜であった」とある。
4)　出 34：5。
5)　出 34：6 で「忍耐強く」と訳されているヘブライ語こそ、エレフ・アパイムである。「怒

るに遅い方」と意訳して祈りの名称とした。

6)　出 34：7b。聖書の日本語訳には最後の「そして清める」という文言はない。実は祈り
の作者は 7 節については、その前半（7 節 a）だけを引用しているが、やや不自然な切り
方である。原文の 7 節 b は「罰すべき者を罰せずにはおかず」すなわち「清しとしない」
で始まるが、そこの冒頭の言葉である「清し」だけを 7 節 a に付け足した上で、そこで
引用を切るという離れ業をしている。それは次のことと関係している。すなわち興味深
いことにユダヤ教は、ここ 34 章 6、7 節に、神の「13 の慈愛の属性」が示されていると
する、やや独特の主張を展開する。6 節の「主、主」以下 7 節の途中までの一語一語を
逐一、神の属性として解釈するのである。すなわち（1）「主」は憐れみ深い、（2）2 番
目の「主」は、たとえ人が罪を犯しても憐れみ深い、（3）「神」は全能の神である、（4）
神は「憐れみ深い」、（5）神は「恵みに富む」、（6）神は「忍耐強い」、（7）神は「慈しみ
に満ちる」、（8）神は「まことに満ちる」、（9）神は「幾千代にも及ぶ慈しみを守る」、（10）
神は「罪を赦す」、（11）神は「背きを赦す」、（12）神は「過ちを赦す」、（13）神は（す
べての）人（の罪）を「清める」。この最後の「清める」が、34 章 7 節 b にある言葉で
ある。実は「清める」が日本語訳では「罰せず」という表現に化けているので、それを
確認できないわけである。

彼（神）は憐れみ深く　　　　　　　　　　　　　　　　　〈嘆願〉

ヴェフー・ラフーム ve-hu rachum

　この祈りは、一部を除いてほとんどが聖書の色々の箇所からの引用、ある
いは引用に近い文章で構成されている。ヴェフーは人称代名詞 3 人称単数男
性のフー、すなわち「彼」の前に、接続詞ヴェがついたもの。新共同訳は、
この接続詞を前後の脈絡から「しかし」と訳している。「しかし」はなくて
もよい。「彼」は神をさす。ラフームは「憐れみ深い」の意。

　**しかし、神は憐れみ深く、罪を贖われる。彼らを滅ぼすことなく、繰り返
し怒りを静め、憤りを尽くされることはなかった [1]。主よ、あなたも憐れみ
の心を閉ざすことなく、慈しみとまことによって、いつも我らをお守りくだ
さい [2]。私たちの神、主よ、私たちを救い、諸国の中から私たちを集めてく
ださい。聖なる御名に感謝をささげ、あなたを賛美し、ほめ讃えさせてくだ
さい [3]。主よ、あなたが罪をすべて心に留められるなら、主よ、誰が耐ええ
ましょう。しかし、赦しはあなたのもとにあり、人はあなたを畏れ敬うの**

です ⁴⁾。主は私たちを、罪に応じてあしらわれないでください。私たちの悪に従って報いないでください ⁵⁾。我々の罪が我々自身を告発しています。主よ、御名にふさわしく行ってください ⁶⁾。主よ、思い起こしてください、あなたのとこしえの憐れみと慈しみを ⁷⁾。苦難の日に主が我々に答え、ヤコブの神の御名が我々を高く上げてくださるように ⁸⁾。主よ、王に勝利を与え、呼び求める我らに答えてください ⁹⁾。我らの父よ、我らの王よ、我らを憐れみ、答えてください、我らには正しい行いはありませんが。あなたの大いなる慈悲で我らに憐れみを施し、あなたの御名のために我らを救ってください。我らの主よ、我らの神よ、我らの祈りの声を聞いてください。我らの祖先たちとの契約を覚えて、御名のために我らを救ってください。

　私たちの神である主よ、強い御手をもって民をエジプトから導き出し、今日に至る名声を得られた神よ、私たちは罪を犯し、逆らいました。主よ、常に変わらぬ恵みの御業をもってあなたの都、聖なる山エルサレムからあなたの怒りと憤りを翻してください。私たちの罪と父祖の悪行のために、エルサレムもあなたの民も、近隣の民すべてから嘲<ruby>嘲<rt>あざけ</rt></ruby>られています。私たちの神よ、<ruby>僕<rt>しもべ</rt></ruby>の祈りと嘆願に耳を傾けて、荒廃した聖所に主御自身のために<ruby>御顔<rt>み かお</rt></ruby>の光を輝かしてください ¹⁰⁾。

　神よ、耳を傾けて聞いてください。目を開いて、私たちの荒廃と、御名をもって呼ばれる都の荒廃を御覧ください。私たちが正しいからではなく、あなたの深い憐れみのゆえに、伏して嘆願の祈りをささげます。主よ、聞いてください。主よ、お赦しください。主よ、耳を傾けて、お計らいください。私の神よ、御自身のために、救いを遅らせないでください。あなたの都、あなたの民は、御名をもって呼ばれているのですから ¹¹⁾。しかし、主よ、あなたは我らの父、私たちは粘土、あなたは陶工、私たちは皆、あなたの御手の業 ¹²⁾。あなたの御名のために我らを救ってください、我らの父、我らの王、我らの岩、我らを贖う方よ。主よ、あなたの民を<ruby>覆<rt>おお</rt></ruby>ってください。あなたの<ruby>嗣業<rt>し ぎょう</rt></ruby>である民を諸々の民の恥と嘲りに追いやらないでください。「彼らの神はどこにいるのか」と、なぜ諸国の民に言わせておかれるのですか ¹³⁾。主よ、我らは分かっています。我らは罪を犯しました。誰も我らに味方しません。しかし苦難のときに、あなたの偉大なる御名が我らのそばに

立ってくださいます。我らは分かっています。我らには良き行いがないこと
を。御名のために我らを憐れんでください。父がその子を憐れむように、主
よ、我らを憐れんでください[14]。あなたの御名のために我らを救ってくだ
さい。あなたの民を慈しんでください。あなたの嗣業（しぎょう）（である民）を慈しん
でください。豊かな憐れみで覆（おお）ってください。我らの王よ、お恵みくださ
い、答えてください。正義はあなたのものですから。たえず不思議な御業を
行ってください。

1) 詩 78：38。
2) 詩 40：12 参照。「私を」が「我らを」に改変されている。
3) 詩 106：47。
4) 詩 130：3, 4。
5) 詩 103：10 参照。完了形が願望形に改変されている。
6) エレ 14：7。
7) 詩 25：6。
8) 詩 20：2 参照。2 人称単数（あなた）が 1 人称複数（我々）に改変されている。
9) 詩 20：10。新共同訳、また新改訳（新改訳では 20：9）とも異なる以下の訳が可能。「主
   よ、お救いください。王（なる神）は、我らが呼び求める日に我らに答えてくださいま
   すように」。
10) ダニ 9：15-17。
11) ダニ 9：18, 19。
12) イザ 64：7。
13) ヨエ 2：17 参照。
14) 詩 103：13 参照。

イスラエルを守る方よ <嘆願>

ショメール・イスラエル shomer yisrael

　ショメールは「守る」を意味する動詞シャマールの分詞である。すなわち
「守る者」。イスラエルを守るものは神である。

　**イスラエルを守る者よ、イスラエルの残りの者をお守りください。「聞
け、イスラエルよ[1]」を唱えるイスラエルが滅びないように。**

74

　ひとつの民を守る者よ、ひとつの民の残りの者をお守りください。我らの神、主は唯一の主である [2] と、御名の唯一性を唱えるひとつの民が滅びないように。

　聖なる民を守る者よ、聖なる民の残りの者を守ってください。3度、聖なるものの聖性を唱える [3] 聖なる民を滅ぼさないように。

　憐れみをもって好意を示してください。慈悲をもって和解してください。貧しい世代に対して好意を示し、和らいでください。助けがないからです。我らの父、我らの王よ、我らに対して慈悲深く答えてください。我らには（立派な）行いはありませんが、我らに慈悲と憐れみを施し、我らを救ってください。

1) 「聞け、イスラエルよ」の祈り（51頁）。
2) 申6：4。
3) 「聖別」（62頁）で「聖なる」を3回唱える。

我々は分からないのです

　　ヴァアナハヌー・ロー・ネダア va-anachanu lo nedaa

　ヴァアナハヌーは代名詞「我々」の意のアナハヌーに、「さて」というほどの意味の接続詞「ヴァ」がついたもの。ローは否定辞。ネダアは「知る」という動詞の1人称複数未完了形。この祈りは、わずかな部分を除いて、詩篇とその他の聖書の箇所からの文言の引用で構成されている。

　私たちは何をなすべきか分からず、ただあなたを仰ぐことしかできません [1]。

　主よ思い起こしてください、あなたのとこしえの憐れみと慈しみを [2]。

　主よ、あなたの慈しみが我らの上にあるように、主を待ち望む我らの上に [3]。

　どうか、私たちの昔の悪に御心を留めず、御憐れみを速やかに差し向けて

ください。私たちは弱り果てました⁴⁾。

　私たちの助けは来る、天地を造られた主のもとから⁵⁾。

　私たちを憐れんでください。主よ、私たちを憐れんでください。私たちはあまりにも恥に飽かされています⁶⁾。

　怒りのうちにも、憐れみを忘れないでください⁷⁾。怒りのうちにも愛を覚えてください。怒りのうちにも（イサクの）奉献のことを覚えてください。怒りのうちにも誠実さを覚えてください⁸⁾。

　主よ、王に勝利を与え、呼び求める我らに答えてください⁹⁾。主は私たちを、どのように造るべきかを知っておられた。私たちが塵にすぎないことを、御心に留めておられる¹⁰⁾。

　私たちの救いの神よ、私たちを助けて、あなたの栄光を輝かせてください。御名のために私たちを救い出し、私たちの罪をお赦しください¹¹⁾。

1) 代下 20：12。
2) 詩 25：6。
3) 詩 33：22。
4) 詩 79：8。
5) 詩 121：2。
6) 詩 123：3。
7) ハバ 3：2。
8) 出典不明 。
9) 詩 20：10。この節の翻訳には別の可能性があることは「彼（神）は憐れみ深く」（72頁以下）注9で述べた。
10) 同 103：14。
11) 同 79：9。

（贖う方が）シオンへ来られる

ウヴァー・レツィオン　u-va le-tzion

　ウヴァーは、「来る」という動詞ヴァーに接続詞「ウ」がついたもの。レツィオンは、ツィオンに「～へ」を示す前置詞「レ」がついたもの。ツィオンは「シオン」のこと。と言うより、ヘブライ語のツィオンが、日本語では

76

昔シオンと音訳、表記されて以来、今日に至っている。これは七十人訳の影響だろうか、ギリシア語では「スィオーン」である。この祈りは聖書の色々の箇所からの短い文章の引用を組み合わせたものからなっている。厳密に言うと、2か所、ヘブライ語本文にアラム語訳聖書の並行箇所を添えているところがある。また、この祈りの作者の創作の部分もある。

　主は贖う者として、シオンへ来られる。ヤコブのうちの罪を悔いる者のもとに来ると、主は言われる。これは、私が彼らと結ぶ契約であると、主は言われる。あなたの上にある私の霊、あなたの口においた私の言葉は、あなたの口からも、あなたの子孫の口からも、あなたの子孫の子孫の口からも、今も、そしてとこしえに、離れることはない、と主は言われる¹⁾。だがあなたは、聖所にいまし、イスラエルの賛美を受ける方²⁾。彼らは互いに呼び交わし、唱えた。
　「聖なる、聖なる、聖なる万軍の主。主の栄光は、地をすべて覆う³⁾」
　彼らは互いに許しを得て、言う。
　「天の高みにおいて聖なるかな、その住まい。地において聖なるかな、その力の実り。聖なるかな、とわに、永遠に。万軍の主よ、全地はその栄光に満つ⁴⁾」
　それから、霊が私を引き上げた。そのとき、私は、うしろのほうで「御住まいの主の栄光はほむべきかな」という大きなとどろきの音を聞いた⁵⁾。霊が私を持ち上げ、私は背後に大きな動きの音を聞いた。それはほめ讃えながら言う。主の栄光はほむべきかな、と⁶⁾。主は代々限りなく続べ治められる⁷⁾。主よ、その御国は代々限りなく続く⁸⁾。私たちの先祖アブラハム、イサク、イスラエルの神、主よ、これをあなたの民の心の思い計ることとしてとこしえに御心に留め、民の心を確かにあなたに向かうものとしてください⁹⁾。神は憐れみ深く、罪を贖われる。彼らを滅ぼすことなく、繰り返し怒りを静め、憤りを尽くされることはなかった¹⁰⁾。主よ、あなたは恵み深く、お赦しになる方。あなたを呼ぶ者に、豊かな慈しみをお与えになります¹¹⁾。恵みの御業は、とこしえに正しく、あなたの律法はまことです¹²⁾。どうか、ヤコブにまことを、アブラハムに慈しみを示してください、その

昔、我らの父祖にお誓いになったように ¹³⁾。主を讃えよ、日々、私たちを担い、救われる神を。セラ ¹⁴⁾。万軍の主は私たちと共にいます。ヤコブの神は私たちの砦の塔。セラ ¹⁵⁾。万軍の主よ、あなたにより頼む人はいかに幸いなことでしょう ¹⁶⁾。主よ、王に勝利を与え、呼び求める我らに答えてください ¹⁷⁾。我らの神は祝福されますように。神はその誉れのために我らを創造し、迷えるものから我らを分け、我らに真実の掟を与え、我らのうちに永遠の命を植えられました。神の教えに対して我らの心を開き、我らの心に神への愛と畏れを置き、全き心で神の意図を行い、神に仕えて、空しく労することなく、無用に生まないようにされる ¹⁸⁾。我らの神、我らの先祖の神、主よ、この世において我らが、あなたの諭しを守り、メシアの時代と、また来るべき世で我らが幸いと祝福を得て、生きて、見て、受け継ぐことがあなたのご意志でありますように ¹⁹⁾。私の魂があなたをほめ歌い、沈黙することのないようにしてくださいました。私の神、主よ、とこしえにあなたに感謝をささげます ²⁰⁾。祝福されよ、主に信頼する人は。主がその人のよりどころとなられる ²¹⁾。どこまでも主に信頼せよ、主こそはとこしえの岩 ²²⁾。主よ、御名を知る人はあなたに寄り頼む。あなたを尋ね求める人は見捨てられることがない ²³⁾。主は御自分の正しさゆえに、教えを偉大なものとし、輝かすことを喜ばれる ²⁴⁾。

1) イザ 59：20-21。
2) 詩 22：4。
3) イザ 6：3。
4) タルグム・ヨナタンの同書同箇所。タルグムとは旧約聖書のアラム語訳のこと。イザ 6：3 の翻訳であり、ヘブライ語原文の日本語訳とタルグムの日本語訳は一致すべきなのだが、それが微妙に異なっているのが面白い。タルグムは翻訳に解釈を加えたのだろうか。
5) エゼ 3：12（新改訳）。
6) タルグム・ヨナタンの同書同箇所。ここでは、ヘブライ語の原文とタルグムの違いが少ない。
7) 出 15：18。
8) タルグム・オンケロスの同書同箇所。オンケロスは「主」と日本語に訳される言葉、アドナイを呼格、すなわち「主よ」と解釈している。旧約外典（続編）の「シラ書」（集会の書）序言 21，22 に「元来ヘブライ語で書かれているものを他の言語に翻訳すると、

それは同じ意味合いを持たなくなってしまう」という面白い告白がある。

9)　代上 29：18。

10)　詩 78：38。

11)　詩 86：5。

12)　詩 119：142。

13)　ミカ 7：20。

14)　詩 68：20。

15)　詩 46：8。

16)　詩 84：13。

17)　詩 20：10。この節の翻訳には別の可能性があることは、「彼（神）は憐れみ深く」（72頁以下）注 9 で述べた。

18)　イザ 65：23 参照。

19)　作者の独自の言葉。

20)　詩 30：13。

21)　エレ 17：7。

22)　イザ 26：4。

23)　詩 9：11。

24)　イザ 42：21。

我らの神のような方はいません

エン・ケエロヘヌー en ke-elohenu

エンは「（存在し）ない」の意の副詞。エロヘヌーの頭につく「ケ」は「～のような」を意味する前置詞。エロヘヌーは「我らの神」の意。名称はこれら冒頭の 2 語から来ている。本文にみるように、この祈りは 6 つの節からなる。最後の節を除き、各節は 4 つの句からなり、各句には神（エロヒーム）、主（アドナイ）、王（メレフ）、救い主（モシア）が繰り返される。

ところで「モシア」（moshia）は「救う方」すなわち「救い主」であるが、カタカナで書くと、たまたま似ている「メシア」（油注がれた者）とは語根が異なり、両者は関係のない言葉である。日本語の音訳で「メシア」は、実はヘブライ語では「マシアハ」（mashiach）である。ただ、キリスト教においては油注がれた者（マシアハ、そのギリシア語訳がキリスト）が救い主、すなわちモシアなので、まぎらわしい。

我らの神のような方はいません、我らの主のような方はいません、

我らの王のような方はいません、我らの救い主のような方はいません。

　誰が我らの神のようでありましょうか、

　　　　　　　　　　誰が我らの主のようでありましょうか、

　誰が我らの王のようでありましょうか、

　　　　　　　　　　誰が我らの救い主のようでありましょうか。

我らの神に感謝しましょう、我らの主に感謝しましょう、

我らの王に感謝しましょう、我らの救い主に感謝しましょう。

　我らの神が祝福されますように、我らの主が祝福されますように、

　我らの王が祝福されますように、我らの救い主が祝福されますように。

あなたこそ我らの神です、あなたこそ我らの主です、

あなたこそ我らの王です、あなたこそ我らの救い主です。

　どうか、立ち上がって、シオンを憐れんでください。

　恵みのとき、定められたときが来ました [1]。

1)　詩 102：14。

（主を）賛美するのは我らの務めです

アレーヌー・レシャベアハ alenu leshabeach

　アレーヌーは「我らは〜する義務がある」の意。レシャベアッハは動詞「賛美する」の不定詞。短く単に「アレーヌー」と呼ぶこともある。通常、朝、午後、夕の礼拝の締め括りとして詠われる。

　万物の主（である神）を賛美するのは我らの務めです。創造の始めにおける造り主に偉大さを帰すためです。我らを諸国の民のように、また我らを地上の諸々の種族のように造られなかったからです。我らへの割り当てを彼らの割り当てのように、また我らの運命を他の多くの民の運命のようにはされ

80

ませんでした。彼らは虚しい、空虚なものを拝み、救う力のない神に祈る
者[1]。しかし我らは王の王なる聖なる方に跪き、ひれ伏して、感謝します。
神は天を広げ、地の基を据えられた[2]。その尊厳の御座は高き天にあり、御
力の宿りは至高にあります。神は我らの神であり、他にいません。我らの王
は真実であり、他にいません。「あなたは、今日、上の天においても下の地
においても主こそ神であり、ほかに神のいなことをわきまえ、心に留め[3]」
と律法に書かれている通りです。

　それゆえに我らはあなたに希望を託します。主なる我らの神よ、あなたの
力強き栄光を早く見せてください。この地から偶像を取り除き、空しい神々
を完全に滅ぼし、全能の神の威厳をもって世界を正してください。すべての
肉なる者があなたの名を呼び、地のすべての悪しき人々があなたを向くよう
にしてください。あなたの前に、すべての膝はかがみ、すべての舌は誓いを
立てる[4]ことを世界中の人が悟るようになる。我らの神なる主よ、（人々が）
あなたの御前に跪き、伏して御名の栄光を尊びますように。あなたの王国の
軛を皆が受け入れ、あなたが皆を速やかに、また永久に支配しますように。
（以下のように）律法に記されている通り、王国はあなたのものであり、栄光
の内に永久に支配してください。「主は代々限りなく統べ治められる[5]」、ま
た「主は地上をすべて治める王となられる。その日には、主は唯一の主とな
られ、その御名は唯一の御名となる[6]」とあります。

1)　イザ 45：20。
2)　イザ 51：13。
3)　申 4：39。
4)　イザ 45：23b 参照。
5)　出 15：18。
6)　ゼカ 14：9。

3 午後の祈り

ミンハ mincha

　ミンハとは旧約聖書において神殿での「献げ物」を指す言葉であるが[1]、神殿なき時代となってからは、各地の会堂での礼拝で、祈りが献げ物に取って代わり、「献げ物」（ミンハ）が、この祈り（礼拝）の名称となったと説明されたりする。

　ここまで紹介してきたように朝の礼拝は日々の礼拝の中でも、ひときわ祈りの数が多く、従って費やす時間も長い。これに比べると、午後と夕の祈りであるミンハやアルヴィット（マアリーヴ）は簡素で短い。午後の祈りは、「幸いなことよ」、「立禱」、〈嘆願〉、「（主を）賛美するのは我らの義務です」などからなる。これらはすべて「朝の祈り」で紹介したので、ここで改めて触れることはない。午後の祈りにおいてのみ唱えられる特別のものはないようである。

　1)　ネヘ 10：34（新改訳では 10：33）ではミンハが「穀物の献げもの」と訳されている。

4 夕の祈り

アルヴィット arvit あるいは　マアリーヴ　maariv

　アルヴィット、またの名をマアリーヴという。共に「夕べ」を意味するエレヴという言葉と語根を同じくする。創世記1章5節に「夕べがあり、朝があった」とあるが、エレヴはその「夕べ」である。午後の祈り、ミンハと同じく、夕の祈りも朝の祈りに比べて短く、唱える祈りの数も少ない。基本的には「聞け、イスラエルよ」と「立禱」、それと以下に紹介する幾つかの祈りなどからなる。

夕べをもたらす方

ハマアリーヴ・アラヴィーム ha-maariv aravim

　ハマアリーヴは「夕べをもたらす（者）」の意。冠詞「ハ」が付されている。アラヴィームは「夕べ」を意味するエレヴの複数形。祈りの本文の2番目の文に現れる言葉である。

　世界の王、我らの神、主なるあなたは祝福されますように。
　あなたはその御言葉をもって夕べをもたらし、知恵をもって門を開き、悟りをもって時を変え、時間を移し、み旨のままに星々をその時刻に従って天空に配されました。昼と夜を創り、闇から光へ移し、また光から闇へ移します。昼を送り、夜を来たらし、昼と夜を分けられます。その名は万軍の主。永遠に生きる神は、とわに、また絶えず我らを支配されます。夕べをもたらす主なるあなたは祝福されますように。
　永遠の愛をもってあなたは、あなたの民、イスラエルの家を愛されまし

た。律法、戒め、法と裁きを我らに諭されました。それゆえに主よ、我らの神よ、（夜）伏すときも、（朝）起きるときも、とこしえに我らはあなたの法を論じ、あなたの律法の学びと戒めを我らは喜びます。それらが我らの人生であり、我らの日々だからです。昼も夜もそれを思います。

あなたの愛が、いつまでも我らを離れませんように。あなたの民イスラエルを愛する主なるあなたは祝福されますように。

真実で確かです

エメット・ヴェエムナ emet ve-emuna

エメットは「真実」の意。ヴェエムナのヴェは「そして」、「および」の意味の接続詞。エムナはエメットと語根を同じくする似た概念の言葉であるが、ここでは「確か（です）」と訳した[1]。冒頭の2つの言葉が祈りの名称となった。神の唯一性とその救いの力を賛美するもの。「朝の祈り」の「真実で揺るぎなく」（53頁）とともに「贖いの祝福」（ビルホット・ハゲウラ）と称されることもある。その主題は「贖い」（ゲウラ）である。

これらすべてのことは真実で、確かです。我らにとって自明です。すなわち彼のみが主、我らの神であり、他に神はなく、我らはその民、イスラエルです。その方は我らを（暴虐な）王たちから贖う方です。またすべての暴君の手から我らを救い出す我らの王です。我らのために、我らの敵に仇をかえす神、我らの魂のすべての敵に報復する方。神は計り難く大きな業を、数知れぬ不思議な業をなし遂げられる[2]。神は我らの魂に命を得させてくださる。我らの足がよろめくのを許されない[3]。我らの敵の高ぶりまで我らを導き、我らの尊厳を我らを憎む者の上に挙げました。我らのために奇跡と報復をファラオに対して行い、しるしと不思議をハムの子らの地で行う方。怒りをもってエジプトのすべての初子を打つ方。その民イスラエルをそこから、永遠の自由へと引き出された。その民を裂けた葦の海を渡らせ、追いかける敵を海の深みに沈めた方。主の民はその御業を見て御名を讃え、感謝し、主

84

の王国を受け入れました。モーセとイスラエルの子らはあなたに答え、一同大いに喜んで歌って言います[4]。

1)　「然り」、「その通りです」を意味するアーメンもエメット、エムナと同語根である。
2)　ヨブ 9：10。
3)　詩 66：9。
4)　その歌は、次に紹介する「誰が、あなたのようでありましょう」である。

誰が、あなたのようでありましょう

ミー・カモハ mi kamocha

　ミーは「誰が」の意味の疑問詞。カモハは「あなたのような」の意味の副詞。この祈りは、上の「真実で確かです」の続きで、その一部のように見受けられる。「真実で確かです」の最後の「一同大いに喜んで歌って言います」の歌の中身と受けとれるからである。しかし、ここでは「真実で確かです」から独立したものとして紹介する。

　ちなみに、「誰が、あなたのようでありましょう」への答えは、「朝の祈り」の終わり近くで紹介した「我らの神のような方はいません」（79 頁）である。

　主よ、神々の中に、あなたのような方が誰かあるでしょうか。誰か、あなたのように聖において輝き、ほむべき御業によって畏れられ、くすしき御業を行う方があるでしょうか[1]。（あなたが）モーセの前で海を裂かれるとき、あなたの子たちは、あなたの王国を見ました。この方こそ私の神[2]と言い、（次のように）唱えます。主は代々限りなく統べ治められる[3]。また唱えます。主はヤコブを解き放ち、彼にまさって強い者の手から贖われる[4]。イスラエルを贖われた主なる神は祝福されますように。

1)　出 15：11。
2)　出 15：2。

3)　出 15：18。
4)　エレ 31：11。

我らを横たわらせてください

ハシュキヴェヌー hashkivenu

　夕の祈りのひとつ。祈りの名称は冒頭のひとつの言葉からきている。ヘブライ語の古文では他動詞と目的語が一緒になったものがひとつの言葉（文節）となることがよくある。ハシュキヴェヌーは僅か1文節で「我らを横たわらせてください」の意味をもつ。シャハーブ（横たわる）が基本形である [1]。安らかな就寝と目覚めを祈るものである。

　我らの神、主よ、我らを平安のうちに横たわらせてください。我らの王よ、我らをまた平安のうちに良き生活へと起き上がらせてください。我らの上にあなたの平安の覆<ruby>覆<rt>おお</rt></ruby>いを広げてください。よき助言で我らを御前<ruby>御前<rt>みまえ</rt></ruby>に正してください。御名<ruby>御名<rt>みな</rt></ruby>のために、すみやかに我らをお救いください。我らを守り、敵、疫病、剣、飢え、悩みを我らから除いてください。また我らの前と背後からサタン（悪）を取り除いてください。あなたの翼の陰に我らを隠してください [2]。あなたは我らを守り救う神。まことにあなたは恵みに満ち、憐れみ深い神、王です [3]。我らの出で立つのも帰るのも、主が見守ってくださるように。今も、そしてとこしえに [4]。その民イスラエルをとこしえに守る、主なるあなたは祝福されますように。

1)　その使役態の命令形はハシュキーブ（横たえよ）である。それに「我らを」という意味（目的語）を加えると「ハシュキヴェヌー」となる。
2)　詩 17：8 参照。
3)　ネヘ 9：31 参照。
4)　詩 121：8 参照。

御使いよ

ハマルアッハ ha-malach

マルアッハ（天使）に冠詞「ハ」がついたもの。聖書の幾つかの句の引用からなる。ヘブライ語での祈りの冒頭の語が「御使いよ」である。

　私をあらゆる苦しみから贖（あがな）われた御使いよ。どうか、この子どもたちの上に祝福をお与えください。どうか、私の名と、私の先祖アブラハム、イサクの名が彼らによって覚えられますように。どうか、彼らがこの地上に数多く増え続けますように [1]。

　（主は）言われた。「もしあなたが、あなたの神、主の声に必ず聞き従い、彼の目にかなう正しいことを行い、彼の命令に耳を傾け、すべての掟（おきて）を守るならば、エジプト人に下した病をあなたには下さない。私はあなたをいやす主である [2]」。

　主の御使いはサタンに言った。「サタンよ、主はお前を責められる。エルサレムを選ばれた主はお前を責められる。ここにあるのは火の中から取り出された燃えさしではないか [3]」。

　見よ、ソロモンの輿（こし）を。輿をになう六十人の勇士、イスラエルの精鋭。すべて剣に秀でた戦士。夜襲に備えて、腰に剣 [4]。

1)　創 48：16。
2)　出 15：26。
3)　ゼカ 3：2。
4)　雅 3：7, 8。

5　寝床での「聞け、イスラエルよ」

シュマア・アル・ハミタ　shmaa al ha-mita

　アルは「上で」を意味する前置詞。ミタは「寝台」、「寝床」である。「寝床での『聞け、イスラエルよ』」は、その名が示すごとく、会堂（シナゴーグ）における会衆による祈り（礼拝）ではなく、純粋に私的な、就寝前の祈りである。「聞け、イスラエルよ」（シュマア・イスラエル。51頁参照）を唱えるのだが、それに、これから紹介する2つの祈りや詩篇[1]の文言が前後に添えられる一連の祈りである。

1）　たとえば、詩91篇。

世界の支配者よ

　　　　　　　リボノ・シェル・オラーム　ribono shel olam

　リボノは「その支配者」の意。シェルは「〜の」の意の前置詞。オラームは「世界」、「宇宙」の意。冒頭の連なる3つの言葉がこの祈りの名称である。

　世界の支配者よ、私を怒らせた人、挑発した人、あるいは私に罪を犯した人、それが私の体であれ、財産に対してであれ、私の名誉についてであれ、あるいは、その他のことでも、私は、ここに、その人を許します。（また）心ならずもであれ、意図的であれ、誤ってであれ、故意であれ、言葉を通してであれ、行いによってであれ、思いや思索によってであれ、この転生[1]であれ、別の転生であれ、すべてのイスラエル人（ユダヤ人）を許します。
　私が原因で、誰かが罰せられることがありませんように。我が神、我が父

88

祖の神なる主よ、願わくば、私が更に罪を犯さないように、またすでに犯したものは、あなたの豊かな慈愛で消し去ってくださるように。しかし痛みや重い病によってではなく²⁾。どうか、私の口の言葉が御旨にかない、心の思いが御前に置かれますように。主よ、私の岩、私の贖い主よ³⁾。

1)　ヘブライ語原文はギルグール（gilgul）で、「転生」、「輪廻」のような意味に取れる。
2)　「痛みや重い病を代償として私に負わせるのではなく」の意か。
3)　詩 19：15。

（眠りの縛りを）投げかける方

ハマピール ha-mapil

　ハマピールは「投げかける（者）」の意のマピールに冠詞「ハ」が付いたもの。「投げかける者」は神を指す。原文では、常套句である「世界の王、我らの神、主なるあなたは祝福されますように」の直後に続く文言に現れる言葉である。

　世界の王、我らの神、主なるあなたは祝福されますように。（主は就寝の時に）私の目の上に眠りの縛りを、またまぶたの上に眠気を投げかけ、（目覚めの時に）瞳を照らします。我が神、我が父祖の神なる主よ、願わくは、平安の内に私を横たえ、（朝には）良き生活へ、そして平安の内に私を起こしてください。あなたの教えの中に私の分を取っておいてください。戒めを実行できるように私を躾け、過ちを犯さないように鍛えてください。私を罪に近づけないように、試みに遭わせないように、蔑みに遭わせないようにしてください。私を善き思いが治めますように、悪しき思いが私を支配しませんように。邪悪、災難、悪質な病から我らを救ってください。自分の思い、悪い夢、妄想が私を狼狽させないように。私の寝床が御前に完全でありますように。私の目を照らしてください、私が死の眠りに就くことがないように¹⁾。その尊厳で世界全体を照らす、主なるあなたは祝福されますように。

1) 詩 13：4 参照。

聞け、イスラエルよ

　　　　　　　　　　　　シュマア・イスラエル　　shmaa yisrael

（前出。51 頁）

6　安息日

シャバット shabbat

　キリスト教徒にとって日曜日は聖日であり、たいへん重要な日であるように、安息日はユダヤ教にとって特別な日である。と言うよりユダヤ教の安息日の精神を受け継いだのがキリスト教の日曜日である。

　安息日特有の沢山の祈りが平日の祈りに加えられて、会堂で、そして家庭で唱えられる。安息日にも、週日と同じく、夕の祈り、朝の祈り、午後の祈り、と3度の礼拝が会堂でもたれる。正統派においては、朝の祈りにムサーフ[1] という祈りが付随する。安息日ばかりは「夕の祈り」を最初に掲げた。安息日は日没の前に、その準備が始まり、日没をもって始まるからである。

　手島佑郎著『ユダヤ教入門』（3頁）は「安息日を通して知るその内面生活」という副題を持ち、安息日の祈りやシナゴーグでの礼拝、家庭における儀式が説明されており、有益である。

　1)　ムサーフとは、「追加」の意であるが、旧約聖書が規定する安息日の追加の献げ物を指す（民28：9, 10）。

魂の愛しいものよ

イェディッド・ネフェシュ yedid nefesh

　イェディッドは「愛しい人」、「友」の意。ネフェシュは「魂」の意。カバラというユダヤ教神秘主義者による16世紀の作品で、ユダヤ教の歴史においては比較的新しいものといえる。この祈りは安息日に謳われることが多いので、便宜的にここで紹介する。

このピユート（64頁参照）は4つの節からなるが、各節の冒頭の単語が、ヘブライ語のアルファベット、ヨッド、ヘー、ヴァヴ、ヘーで始まるようになっている。4つの文字はヤハウェ（アドナイ、「我が主」と読む習慣がある）という単語の綴りである。ユダヤ教の詩文でよく見かける技法、遊びである。分かり易くするために、4つの節の冒頭に4つの文字の名称を付す。

［ヨッド］魂の愛しいものよ、慈悲の父よ、あなたの僕をあなたのみ旨に引き
　　　　寄せてください。あなたの僕は鹿のように走り、あなたの栄光の前に
　　　　跪きます。あなたの愛情は蜂蜜の滴りや、すべての美味にも優ります。
［ヘー］荘厳で美しい世界の輝きよ、私の魂はあなたの愛情を慕います。どう
　　　　か神よ、あなたの輝きの心地よさを示して、どうか私の魂を癒してくだ
　　　　さい。そうすれば私の魂は力を得、回復するでしょう。また永遠の喜び
　　　　を得るでしょう。
［ヴァヴ］いにしえの方よ、慈しんでください。あなたの愛しい者の子を憐れ
　　　　んでください。あなたの力の輝きを見るのを、とても久しく望んでいた
　　　　からです。どうか、我が神よ、我が心の愛しい方、憐れんでください。
　　　　お隠れにならないでください。
［ヘー］私の愛する方、どうか、あなたの平安の庵を現し、私の上に広げてく
　　　　ださい。あなたの栄光で世界を照らしてください。我らがあなたを喜
　　　　び、楽しめますように。急いでください、愛しい方よ。時が来たからで
　　　　す。昔のように我らに慈悲を垂れてください。

〈安息日のお迎え〉

カバラット・シャバット kabalat shabbat

　日没をもって新しい日が始まるユダヤ教の世界では、金曜の夕刻、日没前に一連の祈りをもって安息日を迎える習慣（儀式）がある。これを〈安息日のお迎え〉（カバラット・シャバット）という。カバラットは、「お迎え、受け入れ」の意のカバラの連語形である。

詩篇 95-99 篇、および 29 篇　

　これらの詩篇がひとつの纏（まと）まりとして、連続して読まれる習慣がある。しかし、これらの詩篇の本文には不思議なことに、安息日（シャバット）に関する言及が一切ない。これらが選ばれた理由は分かっていないようだ。

（本文の記載は省略。聖書を参照）

詩篇 92、93 篇　

　前項で述べた詩篇群の朗誦（ろうしょう）とは別に、間に他の祈りなどを挟んだ後、この2篇の詩篇が唱えられる。92篇の題名はまさに「賛歌。安息日のための歌[1]」である。しかし93篇も含めて、その中身には、やはり安息日への言及がない。

（本文の記載は省略。聖書を参照）

1)　新改訳による。新共同訳では「賛歌。歌。安息日に」となっている。

どうぞ、御力によって　

アナ・ベコーアッハ ana be-koach

　名称は祈りの冒頭の2つの言葉から来ている。アナは「どうぞ」の意の副詞。「べ」は「〜をもって」の意の前置詞、コーアッハは「力」の意。

どうぞ、あなたの右の手の偉大な力によって（罪の）結び目を解いてください。

　あなたの民の祈りを受け入れてください。畏れ多い方よ、私たちを高め、清めてください。

　どうぞ、力強い方よ、あなたの唯一性を信じる者たちを瞳のように守ってください [1]。

　その者たちを、祝福し、清め、憐れんでください。あなたの義がいつもその者たちに報いるように。

　力強き聖なる方よ、あなたの会衆を、良きもので豊かに導いてください。

　唯一の高き方よ、あなたの聖性を信じるあなたの民の方を向いてください。

　私たちの祈りを受け入れ、叫びを聞いてください、神秘をお知りになる方よ。

　王国の栄光の御名は、代々に限りなく祝福されますように。

1)　「瞳がまぶたに守られているように」の意味らしい。

さあ行きましょう、私の愛する者よ　〈安息日のお迎え〉

レハー・ドディー lechah dodi

　レハーは「行く」という動詞の命令形。ドディーは「私の愛する者」の意。シャバット（安息日）を迎える詩歌。作詞者は16世紀のイスラエル北部の町、ツファットのカバリスト [1]、シュロモ・ハレビ・アルカベッツ。ユダヤ社会では大変有名な歌なのだが、詞文の厳密な内容は、はっきりしないところがあり、翻訳には困難が伴う。肝心な「私の愛する者」（ドディー）と言われているのは、「神」を擬人化しているともされ、またそれが現れる節によってはイスラエルの人々を指すともとれる。

　詩（歌）は9つの節からなり、本文に見る通り「さあ行きましょう、私の

94

愛する者よ、花嫁を迎えに。シャバットのお出ましを迎え入れましょう」の句が9つの節の間と前後に配されている。なお、2つの単語からなる「レハー・ドディー」と同一の句が、雅歌7章12節にあり、新共同訳では「恋しい人よ、来てください」と訳されている[2]。「レハー」は「さあ、行きましょう（来てください）」と訳せる言葉である。

　さあ行きましょう、私の愛する者よ、花嫁を迎えに。
　シャバットのお出ましを迎え入れましょう。
　　（安息日を）守って、心に留めよ[3]とひとつのことのように言われました。
　　そのように唯一の神は我らに言い聞かせられました。
　　主は一人で、その名もただひとつ。名声、威厳、讃美のために。
　さあ行きましょう、私の愛する者よ、花嫁を迎えに。
　シャバットのお出ましを迎え入れましょう。
　　シャバットを、さあ迎え入れましょう。それは祝福の源です。
　　初めから、昔から、それは崇められています。
　　初めに計画があり、後に実行されました。
　さあ行きましょう、私の愛する者よ、花嫁を迎えに。
　シャバットのお出ましを迎え入れましょう。
　　王の神殿、王家の都よ、混乱の中から立って出よ。
　　あなたは涙の谷にもう長く座している。神はあなたを憐れまれる。
　さあ行きましょう、私の愛する者よ、花嫁を迎えに。
　シャバットのお出ましを迎え入れましょう。
　　塵を払って起きよ、我が民よ、晴れ着を着けよ。
　　ベツレヘム人エッサイの子によって、私の魂に近づき、それを贖うように。
　さあ行きましょう、私の愛する者よ、花嫁を迎えに。
　シャバットのお出ましを迎え入れましょう。
　　目覚めよ、目覚めよ。あなたの光が来たから、起きて輝け。
　　起きよ、起きよ、歌をうたえ。神の栄光があなたの上に現れる。

さあ行きましょう、私の愛する者よ、花嫁を迎えに。

シャバットのお出ましを迎え入れましょう。

　　　恥じ入るな、面目を失うな。なぜ元気がないのか、なぜ鬱々《うつうつ》としているのか。

　　　私の民の苦しむものが、あなたを避けどころとし、その丘の上に町が建つ。

さあ行きましょう、私の愛する者よ、花嫁を迎えに。

シャバットのお出ましを迎え入れましょう。

　　　あなたを掠め奪う者《かす》が奪われるものとなり、

　　　あなたを呑み込もうとするものが遠ざかりますように。

　　　あなたの神はあなたを喜ばれます。花婿が花嫁を喜ぶように。

さあ行きましょう、私の愛する者よ、花嫁を迎えに。

シャバットのお出ましを迎え入れましょう。

　　　右へ、左へ広がれ。主を崇めよ。

　　　ペレツ 4) の子孫を通して、我らは喜び、楽しもう。

さあ行きましょう、私の愛する者よ、花嫁を迎えに。

シャバットのお出ましを迎え入れましょう。

　　　平和の内に来れ、その夫 5) の冠よ。

　　　喜びの歌、歓喜の中で。選ばれし民の誠実において。

　　　花嫁よ来れ、花嫁よ来れ、安息日の女王なる花嫁よ来れ。

さあ行きましょう、私の愛する者よ、花嫁を迎えに。

シャバットのお出ましを迎え入れましょう。

---

1)　カバリストとは、ユダヤ教の神秘主義、カバラに携わる人のことで、ツファットはカバラの中心地であった。

2)　新改訳では 7：11 であるが「さあ、私の愛する方よ」としている。シャバット（安息日）を擬人化していると理解される。

3)　申 5：12、および出 20：8 参照。

4)　タマルによるユダの子。創 38 章。ボアズを経て、ダビデに至る。ルツ 4：12、18-22。

5)　神あるいはイスラエルをさす。

何をもって（ランプを）灯<ruby>灯<rt>とも</rt></ruby>していいか

バメ・マドゥリキン ba-me madlikin

　バメは「何をもって」の意。マドゥリキンは「燃える」の意の動詞ダラークの使役態、複数形。これはミシュナの『モエッドの巻』の「シャバット篇」第2章1節の冒頭の2つの言葉である。7節からなるこの章は、安息日（シャバット）に灯すランプの芯<rt>しん</rt>と油について語り、また安息日が始まるまでに何をするべきかを論じるのであるが、このような言わば技術的な事柄を内容とするものが、不思議なことに会堂で祈りとして唱えられる習慣があるらしい。事実これを記載するスィドゥールが少なからず存在する。これの朗誦<rt>ろう</rt><rt>しょう</rt>は、礼拝に遅れて来る人のために時間稼ぎをするのが目的である、という微笑ましく面白い説明もある。これを翻訳して本書に加えることは、訳者にとって余興のような気がしないでもない。読者は期せずしてミシュナの論議の一端を垣間見ることになろう[1]。

（i）

　何をもって（安息日のランプを）灯していいか、また何をもって灯してはならないか。（芯として用いるものは）杉材の繊維、亜麻の繊維、絹、靭皮<rt>じんぴ</rt>、砂漠（の植物）の繊維、水の面の浮草は灯さない。（また燃料としては）瀝青<rt>れきせい</rt>（アスファルト）、蠟<rt>ろう</rt>、ひまし油、（穢れているので）焼却するべき油、脂肪、獣脂は灯さない。メディア[2]の人ナフムは言う。融かした獣脂で灯してもいいと。しかし賢者たちは言う。融かそうが融かすまいが同じである。獣脂で灯してはならないと[3]。

（ii）

　祭日（祝日）には、（穢れているので）焼却するべき油は灯してはならない。ラビ・イシュマエルは言う。樹脂は安息日の尊厳に照らして灯してはならないと。しかし賢者たちはすべての（種類の）油を許す。（すなわち）ごま油、堅果油、蕪<rt>かぶ</rt>の油、魚油、瓢簞<rt>ひょうたん</rt>油、樹脂、灯油で。ラビ・タルフォンは言う。

97

唯一オリーブ油を除いて、他のものでは灯してはならないと。

（iii）

　樹木から採ったものは、亜麻を除いて灯してはならない。樹木から採ったものは亜麻のみが天幕を穢さない。衣服の繊維から採った紐（で作った灯芯）については、撚ったもので、焦がしていないものについては、ラビ・エリエゼルは言う。それは穢れており、それで灯してはならないと。しかしラビ・アキバは言う。それは清いので、それで灯してもよいと。

（iv）

　卵の殻に穴をあけて（中身を抜き）そこに油を満たし、それをランプの口に置いて（卵の中の）油が滴るようにしてはならない。たとえそれが焼き物であっても。しかしラビ・ユダはそれを認める。しかし陶工が最初からそれとランプを繋いでいたのならば宜しい。なぜなら、それはひとつの器だからである。器に油を満たし、ランプのそばに置き、芯の端を器に浸し油を吸い上げるようなことはしてはならない[4]。しかしラビ・ユダはそれを認める。

（v）

　（安息日の始まった夜）異教徒を、盗っ人を、あるいは悪しき霊を警戒して、または病人が眠れるようにと（ランプを）消す場合は罪を免れる。ただしランプ、油、芯（の消耗）を惜しんでのことなら有罪である。しかしラビ・ヨセは芯を除いては咎なしとする。なぜなら、その人は炭を作っているのだから[5]。

（vi）

　お産の折、3つの罪で妊婦は死ぬ。（ひとつは）生理（に関すること）、（ひとつは）パンの献げ物（に関すること）、（ひとつは安息日の）ランプの点灯（に関すること）に不注意によって[6]。

(vii)

　安息日の闇が始まる夕べ、男性は屋内で三つのことを言わなければならない。（１つ）あなたがたは十分の一税（マアサル）をとってあるか、（２つ）あなたがたはエルーブ[7]を用意したか、（そして３つ）あなたがたはランプを灯しなさいと。もし（安息日の始まりに関わる）日没（の時刻）に疑義がある時は、10分の１税の納付をやめ、食器の洗いをやめ、ランプの点灯をやめなさい。しかしデマイ[8]は10分の１を税として取り分けていいし、エルーブを準備して、（食べ物を）包んで温かくしてもよろしい。

1)　三貴版タルムード（24頁注14参照）の長窪専三氏による「シャバット篇」の訳（2012年）を参考にした。
2)　今日のイランの北西部。
3)　芯の材料となる植物と灯す油の種類の特定はなかなか難しく、更にそれを日本語に置き換えるのは意味をなさないこともあるが、ここではそれに余りとらわれないことにしたい。
4)　長窪専三氏訳の脚注によると、ミシュナ時代のランプは２つの部分からなり、灯芯は浅皿の上に置かれ、その上に予備用の油の容器が吊り下げられる構造になっていた。
5)　最後の文章が何のことか、長窪訳の脚注も H. ダンビーによるミシュナの英語訳（MISHNA 1933）の説明も残念ながら、よく分からない。
6)　詳しいことは文面からは不明。
7)　エルーブは安息日の、ある種の規制を回避する手段を指す用語。
8)　デマイとは10分の１税が正しく課せられているか、疑義のある農産物をいう。上の十分の一税（マアサル）、エルーブなど、この節に述べられるユダヤ教の用語と、ややこしいしきたりを訳者は説明できない。

主なる神よ　　　　　　　　　　　　　　　　　　　〈安息日のお迎え〉

エル・アドン el adon

　安息日の朝の祈りで唱えるピユート[1]である。エルは「神」、アドンは「主(しゅ)」の意味。22の節からなり、各節の冒頭の文字がヘブライ語のアルファベット（全22文字）をなすようにできている。同様のものをすでに紹介した[2]。聖書の詩文にも時折見られる文学の「技法」、「遊び」である[3]。名称は冒頭の２つの言葉から来ている。

［アレフ］すべての営みの主なる神よ、

［ベット］祝福するべき方、また、すべての（人々の）魂の唇によって讃え<ruby>讃<rt>たた</rt></ruby>えられる方。

［ギメル］その偉大さ、その徳は世界に満ちており、

［ダレット］知恵と洞察がその栄光を取り囲んでいます。

［ヘー］聖なるハヨット[4]の上で自らを高くされる方、

［ヴァヴ］メルカヴァ[5]の上で威厳に輝く方。

［ザイン］功徳と公正がその王座[6]の前にあり、

［ヘット］慈愛と慈しみが、その尊厳を満たします。

［テット］我らの神の創造せる諸々の光はよきものです。

［ヨッド］知恵と洞察と判断でそれらを造られ、

［カフ］権能と力をそれにお与えになりました。

［ラメッド］世界で、支配するものになるようにと。

［メム］光が満ち、輝きがあふれています。

［ヌン］その輝きは全地にうるわしく、

［サメフ］（人々は）その出る<ruby>出<rt>いず</rt></ruby>るときは喜び、戻るときは楽しみます。

［アイン］畏れ<ruby>畏<rt>おそ</rt></ruby>れをもって創造者の意図を行い、

［ペー］御名<ruby>名<rt>な</rt></ruby>に輝きと栄光を帰します。

［ツァディ］歓声と喜びの歌はその王国の名声へ捧げられます。

［コフ］（主は）太陽を呼び、太陽は光を輝かせ、

［レーシュ］太陰を見てその形をととのえました。

［シン］高きところの軍勢は、こぞって主を讃えます。

［タウ］栄光と偉大さを、セラフィム[7]、ハヨット、そして聖なるオフナイム[8]（は主に帰します）。

1)　ピユートとはユダヤ教における祈りの詩文を言う（64 頁参照）。
2)　朝の祈りの「我らは罪を犯しました」（69 頁）に見られる。
3)　例えば詩 34 篇。また箴 31：10 以下には「アルファベットによる詩」という説明がついている。しかし、この説明だけでは読者は何のことだか意味がわからないであろう。新改訳は賢明なのか、アルファベットには触れない。新共同訳は例外的に詩篇 119 篇にアルファベットを付している。

4) 神の座す玉座を担う天使たち。エゼキエル書1章の幻で「生き物」と訳されているのがハヨットである。この詩文ではハヨットを「生き物」とはとらえず、天使の名前であるとする見立てである。

5) メルカヴァとは「戦車」のことであるが、エゼキエルが見たものは「聖なる戦車」であるとされる。

6) エゼキエルが見たものは「聖なる玉座」でもあるとされる。

7) イザ6：2などにみられる天使の一種。

8) 天使の一種。エゼキエル書1章で「車輪」と訳されているのがオフナイムである。ハヨットと同じで、オフナイムを「車輪」とはとらえず、天使の名前であるとする見立てである。

休まれた神へ <安息日のお迎え>

ラエル・アシェル・シャヴァット la-el asher shavat

冒頭の3つの連なる言葉をもって、とりあえず祈りの名称とする。ラエルは「神」の意のエルに、「〜へ」の意の前置詞が付いたもの。アシェルは関係詞。シャヴァットは動詞「休む」の完了形。シャバット（安息日）と同じ語根である。

すべての営みを休まれた神へ。7日目に高きに上り、栄光の座に着かれました。（神は）充足の日に壮麗を纏わせ、安息日を喜びの日と宣言されました。これぞ第7の賛美の歌。その日、神はすべての仕事を休まれました [1]。7日目は [2] 賛美して、次のように言います。「賛歌。歌。安息日に。いかに楽しいことでしょう、主に感謝をささげることは [3]」。それゆえ、すべての被造物は神を賛美し祝福するように。賛美、名誉、偉大さと尊厳、これらを、すべてを作られた王なる神に帰しましょう。神は、その民、イスラエルに、その聖性において聖なる安息日に憩いを与えます。我らの神、主の御名が聖とされますように。我らの王よ、あなたの名声が高き天においても、また低き地においても賛美されますように。我らを救う方よ、あなたが祝福されますように。あなたの手のわざへの称賛にもまさる、またあなたが形作られた光の輝きにもまして。それらがあなたを賛美しますように。セ

ラ。

我らの岩、我らの王、我らを贖う方、聖なるものを造られた方が永遠に祝福されますように。我らの王よ、御名が永遠にほめ讃えられますように。仕えるものを創造された方、その仕えるものすべてが、世界の高みに立って、活ける神と永遠の王の言葉を、畏れと、大きい声で宣言します。みな愛され、みな完璧で、みな勇士で、みな聖く、畏怖とおそれをもって創造者の意思を遂行します。みな口を開いて、神の御名を聖性、清潔、頌歌と賛歌で、祝福し、賛美し、讃え、恐れ、聖とし、王とします。

大いなる王、勇士、恐るべきものの御名は聖なるかな[4]。皆が天の王国の軛を自ら負うことをお互いに認め、彼らの創造者を聖とすることを冷静に、明瞭な言葉で、心地よく、お互いに認めます。皆がひとつになって、恐れをもってケドゥシャ[5]を唱えます。(すなわち)聖なる、聖なる、聖なる、万軍の主。その栄光は全地に満つ[6]。

1) 創2:3参照。
2) 「7日目」は主語、「7日目に」の意ではない。
3) 詩92:1, 2。
4) 申10:17、詩99:3参照。
5) 「聖性」を意味する言葉だが、ここでは(すなわち)以下の「頌栄」をいう。
6) イザ6:3の頌栄(新改訳)。

安息日前夜の聖別　　　　　　　　　　　〈安息日のお迎え〉

キドゥーシュ・レール・シャバット kidush lel shabbat

キドゥーシュとは、安息日(シャバット)や他の祝日を祝福の祈りによって聖別する儀式の名称であり、また、その祝福の祈りそのものをいう。レールとは、夜(ここでは前夜)を意味するライラの連語形。会堂でも唱えられるが、家庭にあっては通常これを唱えるのは主婦の役割で、卓上に用意された葡萄酒の杯の上で、あるいは杯を持って唱える。

　世界の王なる、主なるあなたは讃（たた）えられますように。あなたは、戒律をもって私たちを聖別し、私たちを嘉（よみ）されます。また聖なる安息日を愛と慈しみをもって私たちに遺産として与えられました。これは天地創造の御業の記念です。この日は、出エジプトの記念の聖なる集会の始まりだからです[1]。またあなたは諸々の民の中から私たちを選び、私たちを聖別されたからです。あなたは、あなたの聖なる安息日を、愛と慈しみをもって私たちに与えられました。安息日を聖別する主なるあなたは讃えられますように。

1)　申5:15参照。

あなたがたに平安があるように　〈安息日のお迎え〉

シャローム・アレーヘム shalom alechem

　題名は冒頭の2つの言葉から来ている。シャロームは「平安」の意、アレーヘムは人称を含む前置詞で、「あなたがたへ」の意。4つの連（スタンザ）からなり、各連は、「至高にいます天使たちよ、諸王の、王たちの王、聖なる方から。その方は祝福されますように」の繰り返し句（リフレイン）で終わる。安息日の始まる夕べの祈りである。シナゴーグの礼拝から自宅に戻ったときに唱える。詩の中にある「天使たち」とは、礼拝のためにシナゴーグに赴いた人々が帰宅する際に連れ添う天使たちのことである。

　あなたがたに平安があるように。奉仕する天使たちよ、
　　　至高にいます天使たちよ、諸王の、王たちの王、聖なる方から。
　　　　　　　その方は祝福されますように。
　平安の内にお越しください。平安の天使たちよ、
　　　至高にいます天使たちよ、諸王の、王たちの王、聖なる方から。
　　　　　　　その方は祝福されますように。
　平安を以って私を祝福してください。平安の天使たちよ、

至高にいます天使たちよ、諸王の、王たちの王、聖なる方から。

その方は祝福されますように。

平安の内にお帰りください。平安の天使たちよ、

至高にいます天使たちよ、諸王の、王たちの王、聖なる方から。

その方は祝福されますように。

有能な妻

エシェット・ハイル eshet chail

　エシェットは「婦人」、「成人女性」を意味するイシャの連語形。ハイルは「力」や「富」を意味する言葉であるが、ここでは「能力」を意味する。

　箴言 31 章 10-31 節、つまり箴言の末尾の部分の 22 の節は、各節の冒頭の単語の文字がヘブライ語のアルファベット（全 22 文字）をなすように作詞されている[1]。「有能な妻」という呼称は 10 節の冒頭の言葉であり、内容的にも相応しい表題である。新共同訳でも「有能な妻」という小見出しが付されている。その小見出しの下に「アルファベットによる詩」とあるのは、上に説明したことを指す。安息日の始まる夕べの食事の前に、夫が唱える習慣がある。

　なお、旧約聖書続編（外典）のシラ書（集会の書）7 章 19 節に「賢く良い女をめとる機会を逃すな。彼女のもたらす喜びは、黄金にまさる」とある。

（箴言 31 章 10-31 節）

1)　「主なる神よ」注 3（100 頁）参照。

すべて生けるものの魂

ニシュマット・コール・ハイ nishmat kol chai

ニシュマットは「魂」を意味するネシャマの連語形。コールは「すべての」の意。ハイは「生き物」の意。題名は冒頭のこれら3つの連なる言葉から来ている。祈りの内容は感謝である。注に見られるように、聖書の文言が、直接あるいは多少形を変えて多数取り入れられている。本文には安息日などへの言及はないが、何故か安息日や祭日に唱えられる。また過ぎ越しの祭り（ペサハ）の晩餐（セデル）の式文である「ハガダ」にも収録されている。

　すべて生けるものの魂が、我らの神、あなたの御名を祝福しますように。我らの王よ、すべて肉なるものの霊があなたの記憶を永遠に讃え、高めますように。世々限りなくあなたは神[1]。贖い、救い、解放し、救済し、養い、答え、困難な時、苦悩の時に、いつも慈悲深くあられる王は、あなたをおいて我らにはいません[2]。あなた以外に我らに助けの王、また支えの王はいません。先の者と後の者の神、すべての被造物の神、すべての世代の主、多くの称賛で誉め讃えられる方、おのが世界を慈愛で、また被造物を慈悲で導く方。見よ、主は目を覚ましておられ、まどろむことなく、眠ることもありません[3]。眠れる者を起こし、うたた寝する者を覚まし、唖者を語らせ、囚われ人を解き放たれます[4]。（主はまた）倒れる者を支え[5]、かがむ者を起こされます[6]。あなたに、あなたにのみ、我らは感謝します。

　たとい我らの口が海のように（あふれるばかりに）歌で満ちていても、我らの舌がおびただしい波のように喜びの歌で満ちていても、我らの唇が広々とした天空のように賛美で満ちていても、我らの眼が太陽や月のように輝いていても、我らの手が空の鷲のように広げられていても、我らの足がカモシカのように速くても、我らの神、先祖の神、主なるあなたに我らが感謝するには、また我らの王よ、我らの祖先と我々になさった数々の、無数の好意と奇跡と不思議のひとつについてさえ、あなたの御名を讃えるには十分ではありません。

我らの神なる主よ、かつてあなたは我らをエジプトから贖い出され、奴隷の家から救い出されました。飢えているとき我らに食物を与え、飽き足りるほどに我らを養われ、剣から我らを救い、疫病から我らを逃がれさせ、悪しき、おびただしく、また執拗な病から我らを救い上げられました。あなたの慈愛はここまで我らを助けてくれました。我らの神、主よ、あなたの慈悲は我らを見捨てませんでした。我らの神、主よ、永遠に我らを見放さないでください。

　ですから、あなたが我らに備えらえた肢体、我らの鼻から吹き込まれた霊と魂、我らの口におかれた舌は、我らの王であるあなたの御名に、永遠に感謝し、祝し、讃え、誉め、歌い、高め、畏れ、聖別し、権威を認めます。すべての口はあなたに感謝し、すべての舌はあなたに誓い、すべての瞳はあなたを見つめ、すべての膝はあなたにかがみます [7]。すべての高みがあなたに平伏し、すべての心があなたを畏れ、すべての内なるものと思いがあなたの御名に賛歌を歌います。（聖書に以下のように）書かれているように。（すなわち）私の骨はことごとく叫びます。「主よ、あなたに並ぶものはありません。貧しい人を強い者から、貧しく乏しい人を搾取する者から、助け出してくださいます」と [8]。貧しいものの叫びをあなたは聴かれます。乏しい者の訴えを聴かれ、救われます。誰があなたのようでありましょうか。誰があなたに等しくあれましょうか。誰があなたに比較できましょうか [9]。偉大な、力強い、畏るべき神、至高の神、天地を造られた方、あなたを讃美し、あなたを讃え、あなたに栄光を帰し、あなたの聖なる御名を祝します。（このように）唱えられますように。すなわち「ダビデの詩。私の魂よ、主を讃えよ。私の内にあるものはこぞって、聖なる御名を讃えよ」と [10]。

1)　詩 90：2 参照。
2)　イザ 44：6 参照。
3)　詩 121：4 参照。
4)　詩 146：7 参照。
5)　詩 145：14 参照。
6)　詩 145：14, 146：8 参照。
7)　イザ 45：23 参照。

8)　詩 35：10。
9)　詩 89：7 参照。
10)　詩 103：1。

〈トーラーの取り出し〉

ホツァアット・セフェル・トーラー hotzaat sefer tora

　ユダヤ教の会堂では、巻物状のトーラー（モーセ五書）[1] は聖櫃（せいひつ）と呼ばれる、多くは箱型の専用の施設に収容されている。聖櫃は木製の箱状のものもあれば、会堂の正面の壁の一部が箱状にくり抜かれている場合もある。聖櫃はヘブライ語で「アロン・ハコーデッシュ」と言い、旧約時代に十戒が刻まれた２枚の石の板を収めた箱がまさに「アロン・ハコーデッシュ」であった[2]。毎週の安息日には、トーラーの所定の箇所を順次朗読するのだが、そのために聖櫃からトーラーを恭（うやうや）しく取り出す。トーラーの朗誦に至るまでの一連の次第を「トーラーの取り出し」（ホツァアット[3]・セフェル・トーラー）と呼ぶ。ちなみに、ユダヤ教では会堂での礼拝で、書物状（綴じられた形状）の聖書を用いることはない。

1)　「セフェル・トーラー」（トーラーの書）と呼ぶ。
2)　代下 35：3。アロンは「箱」の意、ハコーデッシュは「聖なるもの」という意味の名詞コーデッシュに冠詞「ハ」が付いたもの。
3)　ホツァアットは、「取り出し」の意の動名詞ホツァアの連語形。

（契約の箱が）進むとき

ヴァイェヒー・ビヌソア va-yehi bi-nsoa

　冒頭の２つのヘブライ語の言葉を仮の名称とする。ヴァイェヒーは聖書に頻出する語であるが、新しく話を切り出すときの「さて」のような意味といえようか[1]。ビヌソアは「進む」という意の動詞ナサアの不定詞の頭に「〜

において」、「〜の時」の意の前置詞「ビ」が付いたもの。

　主の箱が出発するとき、モーセはこう言った。「主よ、立ち上がってください。あなたの敵は散らされ、あなたを憎むものは御前_{みまえ}から逃げ去りますように²⁾」。主の教えはシオンから、御言葉はエルサレムから出る³⁾。トーラーをその民、イスラエルに聖性において与えた方は祝福されますように。

　　1)　ヴァイェヒーは「それから」という意の接続詞「ヴァ」が動詞イェヒーの頭についたもの。イェヒーは英語の be 動詞に相当する言葉であるが、「ヴァイェヒー」という慣用の節としては、あえて訳せば「さて」というほどの意味であろうか。
　　2)　民 10：35。
　　3)　イザ 2：3。

（主の）御名_{みな}は祝福されますように　〈トーラーの取り出し〉

ベリーフ・シュメ berich shme

　アラム語の祈りで、名称は冒頭の 2 つの言葉（アラム語）からなる。ベリーフは「祝福されますように」の意。ヘブライ語なら、すでにおなじみのバルーフである。シュメは「その名」（御名）¹⁾。「ゾハル」²⁾ という 13 世紀のユダヤ教神秘主義の書物からとられたもの。トーラーの巻物を聖櫃_{せいひつ}から取り出すときに、これが唱えられる習慣がある。

　世界の主の御名は祝福されますように。あなたの王冠とご在所³⁾ は祝福されますように。あなたのご好意が、あなたの民、イスラエルと共に末永くありますように。あなたの右の腕_{かいな}の救いを、あなたの宮で、あなたの民に、み光の輝きを豊かに与え、憐れみをもって我らの祈りを受けてください。我らの命を、厚意をもって長らえさせてください。また、あなたの僕_{しもべ}である私が義人の中に加えられますように。私に慈しみをくださり、私と私に属するものすべて、また、あなたの民イスラエルをお守りください。あなたはすべてのもののために食物と支えを与える方です。あなたはすべてを治める方で

す。あなたは諸王を治める方です。王国はあなたのもの。私は聖なる方（その方は祝されますように）の御前<ruby>み<rt></rt></ruby>まえに、またトーラーの尊厳の御前に、絶えず
跪<ruby>ひざまず</ruby>きます。私は人に寄り頼むことをしません、天使のようなものにも頼りません。ただ天の神にのみ頼ります。それは真理の神、そのトーラーは真理、その預言者は真実です。（神は）豊かな慈悲と真理をもって振舞われます。私は主に寄り頼み、聖なる尊い御名を賛美します。私の心を開いて、あなたのトーラーを聞き、私に男児を与えて、あなたのご意思を成就し、私の心の願いと、あなたの民、イスラエルのすべての心の思いを、良きに、命に、平安にかけて満たしてください。

1)　ゾハルのアラム語は、私の手に負えないものであったが、幸い英語対訳の祈禱書などの助けを借りることができた。
2)　ゾハルは「輝き」を意味する。ユダヤ教の神秘主義、カバラの中心適な書物で、内容は旧約聖書の五書の注解である。13世紀スペインのカバリスト（カバラの思想家）の作とみられている。
3)　「場所」という意味で使った。ヘブライ語では「場所」（マコーム）は神の意味もあり、ここでもそうである。

救いよ、起きよ　〈トーラーの取り出し〉

イェクーム・プルカン yekum purkan

　アラム語の祈り。トーラーの朗読の後に唱える。イェクームは動詞「起き上がる」の3人称願望形。プルカンは「救い」の意。名称は、祈りの冒頭からきている。「救いよ、起きよ」で始まる2つの祈りからなっている。2つはよく似ていて、それぞれの書き出しの2行ほどと、締めくくりの3行余りは、ほとんど同じである。違いは、それぞれが誰を念頭に置いたものかによるのだが、読み比べるとわかる。すなわち最初のものは、「トーラーの学びに携わる人々」を「彼ら」と呼び、後者は「一般の会衆」を「あなたがた」と呼び念頭に置いている。

救いよ、起きよ、天より。恵み、慈愛、慰め、長寿、豊かな食べ物、天よりの助け、体の健康、天よりの光、生きて存続する子孫、トーラーの言葉（の学び）を中断したり止めたりしない子孫を、イスラエルの地とバベルにある聖なる集いの教師と賢者たち、また諸団体の長たち、離散の地の指導者、学塾の長たち、（町の）門に立つ裁き人、すべての学徒とその弟子たち、すべてトーラーの学びに携わる人々に与えてください。世界の王（である神）が彼らを祝福し、彼らの人生を長くし、彼らの（地上の）日々を増し加え、彼らの齢を長くしてくださるように。彼らが、あらゆる困難と諸々の難問から解き放たれ、救われますように。天にまします主よ、いつも如何なるときも、彼らの助けとなってください。アーメンと言いましょう。

　救いよ、起きよ、天より。恵み、慈愛、慰め、長寿、豊かな食べ物、天よりの助け、体の健康、天よりの光、生きて存続する子孫、トーラーの言葉（の学び）を中断したり止めたりしない子孫を、このすべての聖なる会衆に、（それは）大人も子どもも、小児も婦人も含みますが、与えてください。世界の王（である神）が、あなたがたを祝福し、あなたがたの人生を長くし、あなたがたの（地上の）日々を増し加え、あなたがたの齢（よわい）を長くしてくださるように。あなたがたが、あらゆる困難と諸々の難問から解き放たれ、救われますように。天にまします主が、いつも如何なるときも、あなたがたの助けとなりますように。アーメンと言いましょう。

祝福した方　　　　　　　　　　　　　〈トーラーの取り出し〉

ミー・シェベラーフ mi she-berach

　ミーは「誰か」の意。シェベラーフのシェは関係詞。ベラーフは「祝福する」という動詞の完了形。ミー・シェベラーフで、「（誰か）祝福した人」の意となる。ここでは、それは神であるので「祝福した方」とした。前項で紹介した「救いよ、起きよ」に続いて唱えられるものである。

　我らの父祖アブラハム、イサク、そしてヤコブを祝福した方が、このすべての聖なる会衆を、その他の（会堂の）聖なる会衆と共に、女性も、男児も女児も、またすべてそれに属するものを含めて祝福してくださるように。祈りのための会堂を（献金で）建ててくださる人々、そこへ祈りに来る人々、灯りのランプを提供くださる人々、（安息日の）聖別とハヴダラ[1]の儀式のためにワインを、客人のためのパンを、貧しい者への施しをくださる人々、皆が必要とするものを誠意をもって取り扱ってくれる人々、聖なる方（その方は祝福されますように）[2]がその人々に報いてくださるように。また（聖なる方が）その人々からすべての病を除き、その体を癒し、その罪を赦し、そのすべての手の業に、その兄弟であるすべてのイスラエルの（ユダヤの）人々と共に、祝福と成功を送られるように。アーメンと言いましょう。

1)　次に紹介する〈安息日明け〉の「分け隔て」を参照
2)　「聖なる方（その方は祝福されますように）」はヘブライ語の原文では「ハカドッシュ・バルーフ・フー」である。ハカドッシュは「聖なるもの」の意のカドッシュに冠詞「ハ」が付いて「神」の意である。「聖なるもの」は、それ自体、尊称であるが、それでも呼び捨ては畏れ多いので、「その方は（彼は）祝福されますように」の意の「バルーフ・フー」をハカドッシュの後に直ちに添えて唱えるようになった。ところが、その結果「ハカドッシュ・バルーフ・フー」全体が神の呼称になった。

〈安息日明け〉

モツァエ・シャバット motzae shabbat

　モツァエは「出口」などを意味するモツァの複数の連語形である。「モツァエ・シャバット」を「安息日明け」と訳す。ユダヤ教の習慣では、土曜日の日没後、空に３つの星が出た時に安息日は終わる、ということになっている。安息日という「聖なる」日が終わり、いわば「俗なる」日常に移行するので、その境目をしかと確認するように、このような概念と、それを表す言葉が生まれたようである。以下に紹介する２つの祈りが、その折に唱えられるものである。

分け隔て

ハヴダラ havdala

　祈りの名称は、「(聖と俗の)分け隔て」を意味する言葉から来ている。安息日(とその他の祭日)の終わる時刻に行う儀式の名称であり、また、その折に唱える祝福の祈りの名称である。ワインを盛った杯(さかずき)の上で唱える習慣がある。会堂と家庭で行われる。祈りの前半は詩篇などの引用の文言からなる。

　見よ、私を救われる神。私は信頼して、恐れません。主こそ私の力、私の歌、私の救いとなってくださいました。あなたたちは喜びのうちに救いの泉から水を汲みます[1]。救いは主のもとにあります。あなたの祝福があなたの民の上にありますように。セラ[2]。万軍の主は私たちと共にいます。ヤコブの神は私たちの砦(とりで)の塔。セラ[3]。万軍の主よ、あなたに寄り頼む人はいかに幸いなことでしょう[4]。主よ、お救いください。王(なる神)は、我らが呼び求める日に我らに答えてくださいますように[5]。それはユダヤ人にとって輝かしく、祝うべきこと、喜ばしく、誉(ほま)れあることでした[6]。そのように我らにもありますように。私は救い(さかずき)の杯(あ)を挙げて、主の御名(みな)を呼びます[7]。

　葡萄(ぶどう)の実を創造される、世界の王、我らの神、

　　　　　　　　　　　　　　　主なるあなたは祝福されますように。

　種々の香料を創造される、世界の王、我らの神、

　　　　　　　　　　　　　　　主なるあなたは祝福されますように。

　火の光を創造される、世界の王、我らの神、

　　　　　　　　　　　　　　　主なるあなたは祝福されますように。

　聖と俗、光と闇、イスラエルと諸々の民、7日目と労働の6日間を分け隔てられる、世界の王、我らの神、　　主なるあなたは祝福されますように。

　聖と俗を分け隔てる、　　　　主なるあなたは祝福されますように。

1)　イザ 12：2, 3。
2)　詩 3：9。
3)　詩 46：12。
4)　詩 84：13。
5)　詩 20：10。この句は、何回となく諸々の祈りの中に出てくる。「彼（神）は憐れみ深く」（72 頁以下）注 9 および「(贖う方が) シオンへ来られる」（76 頁以下）注 17 参照。新共同訳は「主よ、王に勝利を与え、呼び求める我らに答えてください」としている。新改訳はやや異なる訳をし、その中で「勝利」を「救い」としている。ここでは、試みに新改訳を掲げた。
6)　エス 8：16。
7)　詩 116：13。

分け隔てる方　〈安息日明け〉

ハマヴディール ha-mavdil

　ハマヴディールは、「分け隔てる者」の意のマヴディールに冠詞「ハ」が付いたもの。先に紹介した「分け隔て」のハヴダラと語根を同じくする。10 節からなるピユート（祈りの詩文）である。ヘブライ語の各節の結びは、すべて「夜」を意味するライラという言葉で終わっている。一種の遊びである。ただし日本語訳においては「夜」は必ずしも節の末尾には来ない。それで翻訳にあたっては試みに夜を括弧で挟んで〈夜〉とした。原文には番号は付いていないが、分かり易くするために節ごとに番号を付す。第 1 節と第 10 節は繰り返しで全く同じ文言である。

1　聖と俗を分ける方、その方が我らの罪を許されますように。我らの子孫と富が真砂のように、〈夜〉の星のように増えますように。

2　日はナツメヤシの陰のように動く。私は神を呼びます。私のためになし遂げてくださるように [1]。見張りの者は言った。「夜明けは近づいている、しかしまだ〈夜〉なのだ [2]」。

3　あなたの義はタボール山のよう（に高い）です。私の罪をしかと通り過ごさせてください。昨日が今日へと移る〈夜〉の一時にすぎません [3]。

4　私の午後の祈りの時は去りました。誰が私に憩いをもたらすでしょ

113

か。私は嘆き疲れました。〈夜〉ごと涙は床に溢れ、寝床は漂うほどです [4]。

5　私の声が退けられないように、高き門よ、私のために開け。私の頭は露に、髪は〈夜〉の露にぬれてしまいました [5]。

6　畏れ多く畏怖すべき方、私の祈りを聞いてください。私は叫びます。贖ってください。日暮れ時の薄闇の中を、〈夜〉半の闇に向かって [6]。

7　主よ、あなたを呼びました。救ってください。（あなたは）命の道を教えてください [7]。昼も〈夜〉も [8]、貧しさから私を救ってください。

8　私の行いの汚れを清めてください。私を悩ますものたちが、「どこにいますのか、私の造り主なる神、〈夜〉、歌を与える方は [9]」と言わないように。

9　我らはあなたの御手にあって粘土のようです。軽き（罪）も重き（罪）も許してください。昼は昼に語り伝え、夜は〈夜〉に知識を送ります [10]。

10　聖と俗を分ける方、その方が我らの罪を許されますように。我らの子孫と富が真砂のように、〈夜〉の星のように増えますように。

1)　詩 57：3 参照。
2)　イザ 21：12。
3)　詩 90：4。
4)　詩 6：7。
5)　雅 5：2。
6)　箴 7：9。
7)　詩 16：11 参照。
8)　イザ 38：12, 13 参照。
9)　ヨブ 35：10。
10)　詩 19：3。

主はヤコブに語られた

アマール・アドナイ・レヤアコヴ amar adonai le-yaakov

　アーマルは「語る」の完了形、アドナイは「主」、レヤアコヴは「ヤコブに」
の意。ヤコブはヘブライ語では「ヤアコヴ」である。この祈りは22節から
なり、ヘブライ語の本文においては、各節の頭文字はアルファベット（全22
文字）をなしている。最初の節の冒頭の3つの言葉をもって祈りの名称とす
る。各節の前半部分はほとんどが、注に見る如く聖書からの文言の引用か、
例外もあるが、それに近いものである。また原則として「ヤコブ」を含んで
いる。各節に共通する後半部分、すなわち「我が僕ヤコブよ、恐れるな」は
イザヤ書44章2節、エレミヤ書30章10節などに見られる文言である。こ
の祈りにおいてヤコブとはイスラエルの民を指している。

[アレフ] 主はヤコブに語られた[1]。　　　　恐れるな、我が僕ヤコブよ。

[ベット] 主はヤコブを選ばれた[2]。　　　　恐れるな、我が僕ヤコブよ。

[ギメル] 主はヤコブを贖われた[3]。　　　　恐れるな、我が僕ヤコブよ。

[ダレット] ひとつの星がヤコブから進み出る[4]。

　　　　　　　　　　　　　　　　　　　　恐れるな、我が僕ヤコブよ。

[ヘー] 時が来ればヤコブは根を下ろす[5]。　恐れるな、我が僕ヤコブよ。

[ヴァヴ] ヤコブから支配する者が出る[6]。　恐れるな、我が僕ヤコブよ。

[ザイン] これをヤコブのために覚えよ[7]。　恐れるな、我が僕ヤコブよ。

[ヘット] ヤコブの救いの喜び[8]。　　　　　恐れるな、我が僕ヤコブよ。

[テット] いかに良いことか、ヤコブよ、あなたの天幕は[9]。

　　　　　　　　　　　　　　　　　　　　恐れるな、我が僕ヤコブよ。

[ヨッド] 彼らはあなたの裁きをヤコブにしめす[10]。

　　　　　　　　　　　　　　　　　　　　恐れるな、我が僕ヤコブよ。

[カフ] ヤコブのうちにまじないはない[11]。　恐れるな、我が僕ヤコブよ。

[ラメッド] 誰もヤコブのうちに災いを認めない[12]。

　　　　　　　　　　　　　　　　　　　　恐れるな、我が僕ヤコブよ。

[メム] 誰がヤコブの砂粒を数えられようか ¹³⁾。

　　　　　　　　　　　　　　　恐れるな、我が僕ヤコブよ。

[ヌン] 主はヤコブに誓われる ¹⁴⁾。　　恐れるな、我が僕ヤコブよ。

[サメフ] ヤコブの罪を許してください ¹⁵⁾。　　恐れるな、我が僕ヤコブよ。

[アイン] 今や、ヤコブの捕われ人を帰せ ¹⁶⁾。

　　　　　　　　　　　　　　　恐れるな、我が僕ヤコブよ。

[ペー] 主はヤコブを解き放つ ¹⁷⁾。　　恐れるな、我が僕ヤコブよ。

[ツァディ] ヤコブが勝利を得るように定めてください ¹⁸⁾。

　　　　　　　　　　　　　　　恐れるな、我が僕ヤコブよ。

[コフ] 声はヤコブの声 ¹⁹⁾。　　　　恐れるな、我が僕ヤコブよ。

[レーシュ] ヤコブのために声をあげて喜べ ²⁰⁾。

　　　　　　　　　　　　　　　恐れるな、我が僕ヤコブよ。

[シン] 主はヤコブの栄光を回復される ²¹⁾。　　恐れるな、我が僕ヤコブよ。

[タウ] ヤコブにまことを示してください ²²⁾。　　恐れるな、我が僕ヤコブよ。

1) イザ 29：22 参照。
2) 詩 135：4 参照。
3) イザ 44：23 参照。
4) 民 24：17。
5) イザ 27：6。
6) 民 24：19。
7) イザ 44：21 参照。
8) イザ 25：9 参照。
9) 民 24：5。
10) 申 33：10。
11) 民 23：23。
12) 民 23：21。
13) 民 23：10。
14) アモ 8：7 参照。
15) 民 14：19 参照。
16) エゼ 39：25 参照。
17) エレ 31：11。
18) 詩 44：5。
19) 創 27：22。
20) ゼカ 2：14 参照。

預言者エリヤ

エリヤフー・ハナビ eliyahu ha-nabi

　エリヤフーはエリヤのこと。ハナビは「預言者」を意味するナビに冠詞「ハ」が付いたもの。本文に見るように「預言者エリヤ、ティシュベ人エリヤ、ギレアデ人エリヤよ、ダビデの子、メシアと共に我らのもとに速やかに来るように」の繰り返し句（リフレイン）が頻繁に現れる。3 節からなる連（れん）（スタンザ）が、上述の繰り返し句に挟まれて配されるが、それが 7 連に及ぶ。各節の冒頭にはすべて「人」を意味する「イッシュ」というヘブライ語が来る。日本語の訳文では逆に文末に「人」が来る。「イッシュ」の次に来る単語の頭文字がヘブライ語のアルファベットをなすように工夫されている。ヘブライ語のアルファベットは 22 文字からなるが、3 節の 7 倍は 21 節である。最後の文字、つまり 22 番目のアルファベット、タウの部分だけは例外的に 7 つの節（4 節の連と 3 節の連）からなる。また、その後に、締めくくりの 2 つの、それぞれ数節からなる連が来る、という構造になっている。

　エリヤの言行については列王記上 17 章から下 2 章のエリヤの物語を参照されたい。ただし祈りの本文には聖書のエリヤ物語には見当たらない事柄への言及もあり、残念ながら説明ができなかったことも多々ある。

　マラキ書 3 章 23 節に「見よ、私は、大いなる恐るべき主の日が来る前に、預言者エリヤをあなたたちに遣わす」とあり、エリヤはユダヤ教において特別の存在である。過ぎ越しの祭り（ペサハ）の宴（セデル）では、エリヤのために葡萄酒が杯に注がれる。また割礼（ブリット・ミラ）の儀式の際、「エリヤの椅子」なるものが式場に用意される[1]。

預言者エリヤ、ティシュベ人エリヤ、ギレアデ人エリヤよ[2]、
ダビデの子、メシアと共に我らのもとに速やかに来るように。

117

[アレフ] 神の御名（みな）に熱心に仕えた人 3)

[ベット] エクティエル 4) によって平和が告げられた人

[ギメル] イスラエル人に近づき、それを贖（あがな）った人
　　　　　預言者エリヤ、ティシュベ人エリヤ、ギレアデ人エリヤよ、
　　　　　ダビデの子、メシアと共に我らのもとに速やかに来るように。

[ダレット] その目が 12 の世代を見た人 5)

[ヘー]　　その姿から毛深い人と呼ばれる人 6)

[ヴァヴ]　その腰に革の帯をしめる人 7)
　　　　　預言者エリヤ、ティシュベ人エリヤ、ギレアデ人エリヤよ、
　　　　　ダビデの子、メシアと共に我らのもとに速やかに来るように。

[ザイン]　ハマニーム（太陽神）の信奉者に怒った人 8)

[ヘット]　急ぎ走っていって、雨が降らないだろうと誓った人 9)

[テット]　三年の間、露と雨を止めた人 10)
　　　　　預言者エリヤ、ティシュベ人エリヤ、ギレアデ人エリヤよ、
　　　　　ダビデの子、メシアと共に我らのもとに速やかに来るように。

[ヨッド]　自身の心の安らぎを求めて出て行った人

[カフ]　　カラスに養われ、死を免れ墓に行かなかった人 11)

[ラメッド] 壺（つぼ）と瓶（かめ）が、その人のお陰で祝福された人 12)
　　　　　預言者エリヤ、ティシュベ人エリヤ、ギレアデ人エリヤよ、
　　　　　ダビデの子、メシアと共に我らのもとに速やかに来るように。

[メム]　　その諭（さと）しが（神を）あこがれる人々を引き付ける人

[ヌン]　　高き天から火をもって答えられた人 13)

[サメフ]　そのうしろから、「主こそ神です」と人々が言った 14)、その人
　　　　　預言者エリヤ、ティシュベ人エリヤ、ギレアデ人エリヤよ、
　　　　　ダビデの子、メシアと共に我らのもとに速やかに来るように。

［アイン］天から遣わされる運命の人

［ペー］　すべての良き知らせに任ぜられている人

［ツァディ］子どもたちの心を父祖たちに向けさせる忠実な使いである、
その人 15)
預言者エリヤ、ティシュベ人エリヤ、ギレアデ人エリヤよ、
ダビデの子、メシアと共に我らのもとに速やかに来るように。

［コフ］　栄光の内に「私は熱心に主につかえた」と宣言した人 16)

［レーシュ］つむじ風の中で炎の馬にまたがった人 17)

［シン］　死と葬りを味わったことのない人 18)
預言者エリヤ、ティシュベ人エリヤ、ギレアデ人エリヤよ、
ダビデの子、メシアと共に我らのもとに速やかに来るように。

［タウ］　その名に加えてティシュベ人と呼ばれた人

［タウ］　彼によって我らのトーラーの学びを成功させてください。

［タウ］　彼の口から、急ぎ良き知らせを我らに聞かせてください。

［タウ］　我らを闇から光へ導き出してください。
預言者エリヤ、ティシュベ人エリヤ、ギレアデ人エリヤよ、
ダビデの子、メシアと共に我らのもとに速やかに来るように。

［タウ］　ティシュベの人よ、ライオンの口から我らを救ってください。

［タウ］　良き知らせを我らに伝えてください。

［タウ］　安息日が終わる時に、子どもたちと親共々、我らを喜ばせてください。
預言者エリヤ、ティシュベ人エリヤ、ギレアデ人エリヤよ、
ダビデの子、メシアと共に我らのもとに速やかに来るように。

（聖書に）以下のように書かれています。
見よ、私は大いなる恐るべき主の日が来る前に
預言者エリヤをあなたたちに遣わす 19)。

119

彼は父の心を子に、子の心を父に向けさせる[20]。

　　　預言者エリヤ、ティシュベ人エリヤ、ギレアデ人エリヤよ、

　　　ダビデの子、メシアと共に我らのもとに速やかに来るように。

幸いなるかな、夢のなかで彼の顔を見た人

幸いなるかな、彼に平安の挨拶をした人、また平安の挨拶を返された人。

主は、平安を持って、ご自身の民を祝福される[21]。

　　　預言者エリヤ、ティシュベ人エリヤ、ギレアデ人エリヤよ、

　　　ダビデの子、メシアと共に我らのもとに速やかに来るように。

1）　「割礼（の祈り）」（194 頁）参照。
2）　王上 17：1 参照。
3）　同 19：10, 14 参照。
4）　エクティエルは代上 4：18 にも見られる人名であるが、両者は全く関係がなく意味は不明。
5）　意味不明。
6）　王下 1：8。新共同訳も新改訳も同節前半を「毛衣を着て」としているが、原文は「毛深い」とも読める。
7）　同上。
8）　ハマニームは「香炉台」などと訳されるが（イザ 27：9 など）、太陽神の名前の可能性がある。バアル神と対決したエリヤは、当然、他の偶像とも戦ったであろう。
9）　王上 17：1 参照。
10）　王上 17：1, 18：1 参照。
11）　王上 17：8-16 参照。
12）　王上 17：16。
13）　王上 18：38。
14）　王上 18：39。
15）　マラ 3：24 参照。
16）　王上 19：10, 14。
17）　王下 2：11 参照。
18）　同上。
19）　マラ 3：23。
20）　マラ 3：24。
21）　詩 29：11（新改訳）。新共同訳は「主が民を祝福して平和をお与えになるように」としている。

〈安息日の「立禱〈りっとう〉」〉

　立禱は、安息日が始まる夕の祈り（アルヴィット）や、明くる朝の祈り（シャハリット）とそれに付随する追加の祈り（ムサーフ）、また午後の祈り（ミンハ）にも唱えられる。つまり安息日に４回も、人々はそれを口にするのであるが、実は週日（平日）に唱えられるものと内容が同じではない。立禱の19の祈りの内の最初の３つの祈り、すなわち、[1　族長たち] [2　（神の）力] [3　御名〈みな〉の神聖さ] と、最後の３つの祈り、すなわち [17　礼拝] [18　感謝] [19　平安] は前後の枠として同じなのだが、その間に挟まれる４から16までの合わせて13の祈りが以下の本文に見るように [この日の聖別]（ケドゥシャット・ハヨム）[1] と呼ばれるものと置き換えられる。ただし [この日の聖別] という４つに共通の名称であるが、以下に見るように、それが４つの内の何時の祈りなのかによって内容が異なることに注意しなければならない。

　なお、施した括弧によく注意していただきたいのであるが、[この日の聖別] と記し、「この日の聖別」としていないのは、これが、あくまでも「立禱」の一部であることを示すためである。

　1)　ケドゥシャットは「聖別」を意味するケドゥシャの連語形、ハヨムは「日」を意味するヨムに冠詞「ハ」がついたもの。

（安息日の夕の祈りの）**立禱**　　　　　　　　　　　　　〈安息日の立禱〉

[この日の聖別]
（祈りの冒頭部分は「朝の祈り」の「立禱」1-3 と同じ。56 頁）
あなたは御名〈みな〉のために、また天地創造の完成のために７日目を聖別され

ました。日々の中からこの日を祝福され、すべての時の中からこの日を聖別されました。確かに次のように（聖書に）記されています。（すなわち）「天地万物は完成された。第7の日に、神は御自分の仕事を離れ、安息なさった。この日に神はすべての創造の仕事を離れ、安息なさったので、第7の日を神は祝福し、聖別された[1]」。

安息日を守り、それを楽しみと呼ぶ人々は、あなたの支配を喜ぶでしょう。第7日を聖別する民は、皆それに満足し、あなたの（もたらす）良きものを喜ぶでしょう。あなたは7日目を嘉し聖別されました。切望される日々[2]。あなたは、それを創造の業の記念と呼ばれました。

我らの神よ、我らの父祖たちの神よ、我らの憩いを喜んでください。あなたの戒めで我らを聖別してください。あなたの教えの中に、我らの分をお与えください。あなたの良きもので我らを満足させてください。あなたの救いで我らの魂を喜ばせてください。我らの心を清めて、真摯にあなたに仕えさせてください。我らの神なる主よ、愛と好意をもって、あなたの聖なる安息日を遺産として我らにお与えください。また、御名を聖別する全イスラエルが、安息日で憩うようにしてください。安息日を聖別する主なるあなたは祝福されますように。

（以下、祈りの最後の部分は「朝の祈り」の「立禱」17-19 と同じ。59頁）

---

1)　創2：1-3。
2)　なぜ複数なのか不明。

（安息日の朝の祈りの）**立禱**　　　　　　　　　〈安息日の立禱〉

[この日の聖別]
（祈りの冒頭部分は「朝の祈り」の「立禱」1-3 と同じ。56頁）
モーセは、自分の分が授与されたのを喜んだ。あなたは彼を誠実な僕と呼んだからです。あなたはシナイ山で、御前に立つ彼の頭に栄光の冠を授けら

れた。2枚の石の板を（神は）彼の手に与えましたが[1]、それには安息日の遵守について書かれています。たしかに、あなたの律法に以下のように記されています。

「イスラエルの人々は安息日を守り、それを代々にわたって永遠の契約としなさい。これは、永遠に私とイスラエルの人々との間のしるしである。主は6日の間に天地を創造し、7日目に御業をやめて憩われたからである[2]」。

我らの神なる主よ、あなたはそれ（安息日）を地上の諸々の民に与えず、我らの王よ、あなたはそれを、偶像を崇拝する輩に譲らず、割礼なきものは安心して生きることはありません。あなたは、あなたの民、イスラエルに、あなたが選んだヤコブの子孫に、慈愛をもってそれ（安息日）を与えたからです。

（以下、祈りの最後の部分は「夕の祈り」の立禱の最後の2段落、すなわち「安息日を守り、それを楽しみと呼ぶ人々は」（122頁）以降と同じ。その後に「立禱」17-19が続く）

1) 出 32：15 参照。
2) 出 31：16, 17。

（安息日の追加の祈りの）**立禱**　　　　　　　　　　　　〈安息日の立禱〉

「追加の祈り」とはムサーフ（musaf）の訳である。ムサーフは元々、民数記28章9, 10節が規定する安息日の追加の献げ物を指す。エルサレムの神殿での儀式ができなくなってからは、献げ物に代わって唱えられる、その祈りを意味するようになった。追加の祈りは、朝の祈りに付随して唱えられる。

［この日の聖別］
（祈りの冒頭部分は「朝の祈り」の「立禱」1-3と同じ。56頁）
あなたは安息日を制定されました。その（安息日の）献げ物を嘉され、正

しい奉納のあり方を詳しく定められました。それ（安息日の定め）を喜ぶ者
は、永遠に栄誉を受け継ぐでしょう。それ（その喜び）を味わう者は命を
得、その教えを愛する者は、偉大さを選んだことになります。それについて
はシナイ山で（もすでに）命じられていました。適正な流儀で、安息日の追
加の献げ物を適正に捧げることを、我らの神、主なるあなたは命じられまし
た。我らの神、我らの父祖の神、主よ、あなたは喜びのうちに我らを我らの
土地に連れ登り、我らの境界の内に我らを植えつけました。その土地で、我
らが御前（み まえ）に我らの義務である献げ物を、手順に従い、絶えることなくなすこ
とが、また追加の献げ物を定めに従い捧げることが、御心でありますよう
に。また安息日の追加の献げ物は、あなたのご意思に従い、愛をもって御前
に献げます。あなたの尊厳ある口から次のように言われています。

　安息日には、無傷の1歳の羊2匹を献げ、上等の小麦粉2エファにオリー
ブ油を混ぜて作った穀物の献げ物を添える。安息日ごとに献げるべきこの焼
き尽くす献げ物は、日ごとの焼き尽くす献げ物と葡萄酒の献げ物に加えるべ
きものである [1]。

　（以下は「夕の祈り」の立禱の最後の2段落、すなわち「安息日を守り、それを
楽しみと呼ぶ人々は」（122頁）以降と同じ。その後に「立禱」17-19が続く）

　1)　民28:9, 10。

（安息日の午後の祈りの）立禱

［この日の聖別］
（祈りの冒頭部分は「朝の祈り」の「立禱」1-3と同じ。56頁）
　あなたは唯一で、御名（み な）も唯一です。誰があなたの民、地上でひとつの民で
あるイスラエルのようでありましょうか。偉大な栄光、救いの冠、安息と聖
別の日を、あなたは、あなたの民に与えられました。アブラハムは（安息日

を）喜び、イサクは（安息日に）歓喜し、ヤコブとその子らは、それ（安息日）に憩います。慈愛と寛大さに満ちた憩い、真実と信頼に満ちた憩い。あなたが嘉する平安、平静、平穏と安寧の憩い。あなたの子たちが、その憩いがあなたからのものであることを知り、悟りますように。その憩いを通し、御名を崇めますように。

　（以下は「夕の祈り」の立禱の最後の2段落、すなわち「安息日を守り、それを楽しみと呼ぶ人々は」（122頁）以降と同じ。その後に「立禱」17-19が続く）

7 新 月

ローシュ・ホーデシュ rosh chodesh

　ローシュは「頭」、転じて「始め」の意。ホーデッシュは暦の上の「月」の意。2つの言葉は合わせて「月の始め」すなわち「新月」となる。実はもともとホーデッシュには新月の意味がある。なお日本語には「年頭」という言葉があるが、「月頭」という言葉もあるようだ。

新月の祝福

ビルカット・ハホーデシュ birkat ha-chodesh

　ビルカットは「祝福」の意のブラハの連語形。ハホーデシュは「新月」の意のホーデッシュに冠詞「ハ」が付いたもの。ホーデシュには、暦の上の単なる「月」の意味もあるが、天体の月、すなわち太陰を意味するのは「レヴァナ」という言葉である。

　ユダヤ教の暦は太陰暦[1]であり、旧約聖書には新月祭への言及が散見する。しかし新月を祝福する習慣は、時代とともに廃れたようで、今日のユダヤ社会の日常にはほとんど見られない。ただスィドゥールには新月祭の名残りがある。現今、ユダヤ社会では、日常を太陽暦で送りながらも、ユダヤ暦で祭日を記念している。ここに紹介する「新月の祝福」、また次の項で紹介する「月の聖別」（キドゥーシュ・レヴァナ）は月毎に唱えるもので、太陰すなわち月の運行（満ち欠け）に基づく祈りである。「新月の祝福」は、ユダヤ暦の各月の最後の安息日に会堂で唱える。新月のその日に唱えるわけではない。

126

　我らの神、我らの父祖の神なる主よ、どうかこの新しい月が我らにとって幸いと祝福の月となりますように。また長い人生、平安な生活、幸せな生活、祝された生活、収入のある生活、健康な生活、天と罪を畏れる生活、恥と蔑みのない生活、富と誇りのある生活、律法への愛と天への畏れが我らのなかにある生活、我らの心が求めるものを主が満たしてくださる人生を与えてください。アーメン、セラ[2]。

1)　ユダヤ暦は数年に一度、閏月を設けて太陽暦との調整を行う。
2)　「セラ」については「ツィツィットの着用」注3（28頁）参照。

月の聖別

キドゥーシュ・レヴァナ kidush levana

　キドゥーシュは「聖別」の意。レヴァナは太陰すなわち天体の月のことである。「月の祝福」（ビルカット・ハレヴァナ birkat ha-levana）の別名がある。レヴァナは「白い」の意味のラバンという形容詞と同根である。確かに月は白い。会堂で唱える、上の「新月の祝福」とは対照的に、これを唱えるのは屋外であり、月の見える夜間である。新月が確認されたあとの数日の間に行われるらしい。

　言葉をもって天を創り、その唇の息をもって万軍を創られた、我らの神、世界の王、主なるあなたは祝福されますように。（主は）その役割を違えないように、それらに周期と季節を定められました。（創られたものは）創造者のみ旨を行うのを楽しみ、喜びとします。（主は）真の働き手、その働きは真実です。主は太陰に向かって再び新月をもたらすように言いつけます。月は胎を出たときから担われたもの[1]にとって栄えの冠です。彼ら（イスラエルの民）もまた同じく再生し、その王国の栄光の名のために、創り主を讃えようとしています。月々（毎月）を新たにされる、主なるあなたは祝福されますように。

1)　イザ 46：3 参照。イスラエルの民をさす。

8 赦し

スリホット slichot

　スリホットは「赦し」を意味するスリハの複数形。神に罪の赦しを請う儀式の名前であり、また、その儀式で唱える複数の祈りの総称である。この祈りは、主にピユートと称される儀式用の詩文が多数集まったものである。個々のピユートは、いずれも神の赦しの祈願を主題としている。

　宗派（流儀）によって習慣の違いがあるようだが、新年の始まる前あたりから新年の 10 日目の贖罪の日（ヨム・キプール）の間、またユダヤ教にいくつかある断食日に唱える習慣がある。

　スリホットには特に季節性はないが、上述のように、「悔い改め」の季節の始まりであるユダヤ教の新年の前にスリホットを紹介するのが相応しいかと思い、ここに配置した。

我らを赦してください

スラッハ・ラヌー slach lanu

　スラッハは「赦す」の意の動詞サラハの命令形。スリホットと語根が同じである。ラヌーは「我らを」の意。これは「立禱」の 6 番目の祈り、[赦し]（57 頁）とよく似ている。

　我らの父よ、我らを赦してください。たいへん愚かで過ちを犯しました。我らの王よ、我らを赦してください。我らは悪行が多いです。

神よ、怒るに遅い方

エル・エレフ・アパイム el erech apayim

（前出。71 頁）

（玉座に）座る王なる神よ

エル・メレフ・ヨシェーブ el melech yosheb

エルは「神」、メレフは「王」。ヨシェーブは「座す」の意の動詞。

　慈愛の玉座に座る王なる神よ、（あなたは）慈しみをもって行動され、ご自分の民の罪を赦し、ひとつずつ罪を取り除き、過ちを犯す者を赦し、罪を犯す者を赦し、すべての生けるものに慈しみをなし、悪に報いません。神よ、あなたは我らに、「13 の属性」を教えられました[1]。今日、その 13 の契約を我らに思い起こさせてください。むかし、あなたが謙虚な者（モーセ）に現れたように。（次の通り）書かれています。（すなわち）「主は雲のうちにあって降り、モーセと共にそこに立ち、主の御名を宣言された」[2] と。

1)　「神よ、怒るに遅い方」注 4 参照（72 頁）。
2)　出 34:5。

父が（子たちを）慈しむように

ケラハーム・アヴ ke-racham av

　ケは「～のように」を意味する前置詞。ラハームは「慈しむ」の意の動詞。アヴは「父親」の意。ちなみに、「アッバ、父よ」のアッバはアラム語である[1]。すべて主に詩篇とその他の聖書の引用から構成されている。

　父が子たちを慈しむように、主よ、我らを憐れんでください[2]。救いは主のもとにあります。あなたの祝福が、あなたの民の上にありますように。セラ[3]。万軍の主は私たちと共にいます。ヤコブの神は私たちの砦の塔。セラ[4]。万軍の主よ、あなたに依り頼む人は、いかに幸いなことでしょう[5]。主よ、王に勝利を与え、呼び求める我らに答えてください[6]。

　どうか、あなたの大きな慈しみのゆえに、また、エジプトからここに至るまで、この民を赦してこられたように、この民の罪を赦してください[7]。そこでは次のように言われています。主は言われた。「あなたの言葉のゆえに、私は赦そう[8]」。

　神よ、耳を傾けて聞いてください。目を開いて、私たちの荒廃と、御名（みな）をもって呼ばれる都の荒廃をご覧ください。私たちが正しいからでなく、あなたの深い憐れみのゆえに、伏して嘆願の祈りをささげます。主よ、聞いてください。主よ、お赦しください。主よ、耳を傾けて、お計らいください。私の神よ、御自身のために、救いを遅らせないでください。あなたの都、あなたの民は、御名をもって呼ばれているのですから[9]。

1)　新約聖書では、マコ 14：36、ロマ 8：15、ガラ 4：6 など。
2)　詩 103：13 参照。
3)　詩 3：9。
4)　詩 46：8。
5)　詩 84：13。
6)　詩 20：10。この句は祈禱書に度々引用されることはすでに指摘した。「分け隔て」（112頁以下）注 5 参照。
7)　民 14：19。
8)　民 14：20。
9)　ダニ 9：18, 19。

我らの声を聞いてください

シュマア・コレーヌー shmaa kolenu

　シュマアは動詞シャマア「聞く」の命令形[1]。コレーヌーは「声」の意味

のコールに、「我らの」という所属を示す接尾辞がついたもので、「我らの声」のことである。最初の３つの文章以外は、注に見るように、聖書のそのままの引用（哀歌から）と、１人称単数を複数に変えて引用したもの（詩篇から）からなる。

　我らの神、主よ、我らの声を聞いてください。我らに慈悲をたれ、憐れんでください。我らの祈りを、慈悲と好意をもって受けてください。主よ、御もとに立ち帰らせてください。私たちは立ち帰ります。私たちの日々を新しくして、昔のようにしてください[2]。

　主よ、我らの言葉に耳を傾け、我らのつぶやきを聞き分けてください[3]。どうか、我らの口の言葉が御旨（みむね）にかない、我らの心の思いが御前（みまえ）に置かれますように[4]。御前から我らを退けず、あなたの聖なる霊を我らから取り上げないでください[5]。老いの日にも我らを見放さず、我らに力が尽きても我らを捨て去らないでください[6]。主よ、我らを見捨てないでください。我らの神よ、遠く離れないでください[7]。良いしるしを我らに現してください。それを見て、我らを憎む者は恥に落とされるでしょう。主よ、あなたは必ず我らを助け、我らを力づけてくださいます[8]。主よ、我らはなお、あなたを待ち望みます。我らの主よ、我らの神よ、御自身で我らに答えてください[9]。

　1)　「聞け、イスラエルよ」（シュマア・イスラエル。51 頁）のシュマアと同じ。
　2)　哀 5：21。
　3)　詩 5：2 参照。
　4)　詩 19：15 参照。
　5)　詩 51：13 参照。
　6)　詩 71：9 参照。
　7)　詩 38：22 参照。
　8)　詩 86：17 参照。
　9)　詩 38：16 参照。

我らは罪を犯しました

アシャムヌー ashamnu

（前出。69 頁）

我らに答えてください

アネヌー anenu

　アネヌーは動詞アナ「答える」の命令形に「我らに」の意の接尾詞が付いたもの。前半は 35 節からなり、各節は、主、神あるいは、それに代わる神の属性（例えば「我らの父」）への呼びかけの言葉を、前後から「我らに答えてください」（アネヌー）という句で挟む構造になっている。後半は 20 節からなるが、各節は「〜に答えた方が、我らに答えるでしょう」と言う定型の結びになっている。「〜に答えた方」とはもちろん、主なる神である。

我らに答えてください、主よ、	我らに答えてください。
我らに答えてください、我らの神よ、	我らに答えてください。
我らに答えてください、我らの父よ、	我らに答えてください。
我らに答えてください、我らの造り主よ、	我らに答えてください。
我らに答えてください、我らの贖い主よ、	我らに答えてください。
我らに答えてください、我らを探される方よ、	我らに答えてください。
我らに答えてください、誠実な神よ、	我らに答えてください。
我らに答えてください、誠実で敬虔な方よ、	我らに答えてください。
我らに答えてください、純粋で公正な方よ、	我らに答えてください。

我らに答えてください、生きて、そして存在する方よ、

我らに答えてください。

我らに答えてください、善き方、善をなす方よ、

我らに答えてください。

我らに答えてください、（人間の）性癖を知る方よ、

我らに答えてください。

我らに答えてください、怒りを抑える方よ、　　　我らに答えてください。

我らに答えてください、正義をまとわれる方よ、我らに答えてください。

我らに答えてください、王、諸王の王よ、　　　我らに答えてください。

我らに答えてください、畏れ多く、強固な方よ、我らに答えてください。

我らに答えてください、罪を赦し、放免する方よ、

我らに答えてください。

我らに答えてください、苦難の時に答える方よ、

我らに答えてください。

我らに答えてください、贖い、救われる方よ、　我らに答えてください。

我らに答えてください、正しく、公正な方よ、　我らに答えてください。

我らに答えてください、呼びかける者の近くにいる方よ、

我らに答えてください。

我らに答えてください、怒るに遅い方よ、　　　我らに答えてください。

我らに答えてください、和らぐに柔軟な方よ、　我らに答えてください。

我らに答えてください、憐れみ深く、慈悲深い方よ、

我らに答えてください。

我らに答えてください、貧しい者に耳を傾ける方よ、

我らに答えてください。

我らに答えてください、正しい者を支える方よ、我らに答えてください。

我らに答えてください、我らの父祖の神よ、　　我らに答えてください。

我らに答えてください、アブラハムの神よ、　　我らに答えてください。

我らに答えてください、「イサクの畏れ」の方よ [1]、

我らに答えてください。

我らに答えてください、「ヤコブの勇者」の方よ [2]、

我らに答えてください。

我らに答えてください、（イスラエルの）支族の助けよ、

我らに答えてください。

我らに答えてください、女性の族長たち [3] の砦よ、

　　　　　　　　　　　　　　　　　　　我らに答えてください。
我らに答えてください、時宜にかなって答える方よ、
　　　　　　　　　　　　　　　　　　　我らに答えてください。
我らに答えてください、みなしごたちの父よ、　我らに答えてください。
我らに答えてください、やもめたちを弁護する方よ、
　　　　　　　　　　　　　　　　　　　我らに答えてください。
モリヤの山で、
　　　　　　　我らの父祖、アブラハムに答えた方が、我らに答えるでしょう。
その子、イサクが祭壇の上で縛られた時、
　　　　　　　　　　　　　　　　彼に答えた方が、我らに答えるでしょう。
ベテルで　　　　　　　　ヤコブに答えた方が、我らに答えるでしょう。
牢獄で　　　　　　　　　ヨセフに答えた方が、我らに答えるでしょう。
葦の海のほとりで、　　我らの先祖に答えた方が、我らに答えるでしょう。
ホレブの山で　　　　　　モーセに答えた方が、我らに答えるでしょう。
香炉のことで　　　　　　アロンに答えた方が 4)、我らに答えるでしょう。
ピネハスが会衆の中から立ち上がった時 5)、
　　　　　　　　　　　　　　　　彼に答えた方が、我らに答えるでしょう。
ギルガルで　　　　　　　ヨシュアに答えた方が、我らに答えるでしょう。
ミツパで　　　　　　　　サムエルに答えた方が、我らに答えるでしょう。
エルサレムで
　　　　　ダビデと、その子ソロモンに答えた方が、我らに答えるでしょう。
カルメル山で　　　　　　エリヤに答えた方が、我らに答えるでしょう。
エリコで　　　　　　　　エリシャに答えた方が、我らに答えるでしょう。
魚のお腹の中で　　　　　ヨナに答えた方が、我らに答えるでしょう。
病にあるとき、
　　　　　　　ユダの王、ヒゼキヤに答えた方が 6)、我らに答えるでしょう。
燃えさかる炉の中で　　ハナンヤ、ミシャエル、アザルヤに答えた方が 7)、
　　　　　　　　　　　　　　　　　　　我らに答えるでしょう。
ライオンのおりの中で　ダニエルに答えた方が、我らに答えるでしょう。
都、スサで

モルデカイとエステルに答えた方が、我らに答えるでしょう。
捕囚の地で　　　　　　　エズラに答えた方が、我らに答えるでしょう。
すべての正しい人、公正な人、純粋な人、実直な人に答えた方が、
　　　　　　　　　　　　　　　　　我らに答えるでしょう。

1）　創 31：42 など参照。
2）　創 49：24 など参照。
3）　アブラハム、イサク、ヤコブの（男性の）族長に対して、サラ、リベカ、レア、ラケ
　　ルらを対比させたのか。
4）　民 16：17 以下参照。
5）　民 25：7 参照。
6）　王下 20：1 以下参照。
7）　ダニ 3：19 以下参照。

9　新年と懺悔の10日間

ローシュ・ハシャナ rosh ha-shana
アセレット・イメー・トゥシュヴァ aseret yime tshuva

　ローシュは「頭」の意。ハシャナは「年」の意のシャナに冠詞「ハ」が付いたもの。合わせてまさに「年頭」すなわち新年のこと。アセレットは「10」の意の数詞アサラの連語形。トゥシュヴァは「悔い改め」のこと。合わせて「懺悔の10日間」となる。

　ユダヤ教の新年は秋に来る。正月はティシュレの月と呼ばれる。実は新しい年を祝う雰囲気は余りない。新年を喜ぶ子ども向けの楽しい歌はあるのだが、一方で10日後に迫る贖罪の日（ヨム・キプール）への備えの始まりで、宗教的な大人たちはいたって厳粛である。ちなみにユダヤ暦の新年、ティシュレの月の初日から10日目のヨム・キプールまでの10日間を「懺悔の10日間」（アセレット・イメー・トゥシュヴァ）という。なお、ややこしいことだがユダヤ教にはもうひとつ新年があり、それはニサン（別名アビブ）の月である。出エジプト記12章2節に「この月（アビブの月）をあなたたちの正月とし、年の初めの月としなさい」とある。ユダヤ教の最大のお祭りとも言うべき春の過ぎ越しの祭りは、この月に来る。ティシュレの月とニサンの月は、ユダヤ暦でちょうど6か月（半年）ずれている。ただし、ユダヤの世界で、「新年」というと、それはやはり秋の「ティシュレの月」である。

（主なる）あなたは（すべての罪を）投げ込まれる

タシュリーフ tashlich

　タシュリーフは「投げ込む」の意の動詞シャラーハの使役態、未完了。元

旦に、海辺や川のほとりに赴き、ミカ書7章18-20節を唱える習慣が、一部のユダヤ人の中に見られる。「（主なる）あなたは（すべての罪を）投げ込まれる」は、そこにある文言である。タシュリーフは、その儀式の名称であるが、同時にミカ書のこの箇所を指す名称とも言える。

18 あなたのような神がほかにあろうか、
咎（とが）を除き、罪を赦される神が。
神はご自分の嗣業（しぎょう）の民の残りの者に、
いつまでも怒りを保たれることはない、
神は慈しみを喜ばれるゆえに。
19 主は再び我らを憐れみ、我らの咎を抑え、
すべての罪を海の深みに投げ込まれる。
20 どうか、ヤコブにまことを、
アブラハムに慈しみを示してください、
その昔、我らの父祖にお誓いになったように。

誓いの取り消し

ハタラット・ネダリーム hatarat nedarim

ハタラットは「取り消し」の意のハタラの連語形。ネダリームは「誓い」の意のネデルの複数形。新年の始まる夕べに唱える習慣がある。贖罪（しょくざい）の日（ヨム・キプール）に唱える「すべての誓いを」（コール・ニドゥレ）（150頁）と同じく「誓いの取り消しの願い」がその内容である。何故そこまで「誓いの取り消し」にこだわるのか。申命記に「主に誓願を立てる場合は……それを果たしなさい。誓願を中止した場合は、罪を負わない」という厳重な警告が記されている[1]。4人で組をつくり、中の1人が（誓願の無効を請う）請願者（祈る人）となる。他の3人は判事（聞き役）を演じる。請願者は交互に入れかわり、以下を唱えることになっている。いささか冗長で、繰り返しも多い。最初の段落（祈りの前半分）は、ほとんどがひとつの異常に長い文でなっている。

　専門の判事である先生方、なにとぞお聴きください。すべての誓願、誓約、物忌み、あるいはコナム [2)] またヘレム [3)] と言ったりして私が立てたもの、あるいは目覚めた状態で、あるいは夢の中で誓ったもの、また取り消してはならない（神の）聖なる名において、あるいは主の御名（み な）（彼に祝福あれ）において誓ったもの、あるいは自身に課したすべての物忌み、ただしサムソンの物忌みを除きますが [4)] 、またはすべての禁忌、たとえ私が私自身に、あるいは他人に課した、利益を招くものであれ、それをいかなる禁止の表現、例えば禁忌、あるいはヘレム、あるいはコナムと言ったり、またあらゆる形の言質（げん ち）、それが自分に課したミツヴァ [5)] であっても、誓いという言葉か、あるいは「すすんで捧げる誓願」 [6)] という言葉か、誓約という言葉か、物忌みという言葉か、（いずれにしろ）いかなる言葉であれ、また握手（手打ち）をもって取り決められたもの、すべて誓いでなされたものであれ、すべてすすんで捧げる誓願でなされたものであれ、また自身慣れ親しんでいるミツヴァの習慣によるものであれ、すべて私の口から出る言葉、またあまたの善行の中からひとつをなそうと自分の心に誓ったもの、あるいは良き業、良きこと、それを私はすでに 3 度も行いましたが、誓願を立てないでそれを行うと明確に言いませんでしたし、自分自身にかかわるものであれ、他人にかかわるものであれ、私が覚えていることであれ、すでに忘れたことであれ、すべてに関して、私はそもそもの元に戻って悔やみ、それを無効とすることを私は皆様方に請い、願うものです。なぜなら自分が、誓願、誓い、物忌み、ヘレム、禁忌、コナム、取り決め（の罪）につまずき、捕らわれることは断じてないでしょうが、私はそれを恐れるからです。

　私は、すでに行った良き業については、決して悔いたりしません。むしろ私はそれらを、誓約、誓い、物忌み、禁止、ヘレム、コナム、取り決め、心の誓いなどで表明して受け入れたことを悔やみます。また「見てください、私はこれらを誓約、誓い、物忌み、ヘレム、禁止、コナム、取り決め、決意（といった言葉）を使わないで行います」と言わなかったことを悔います。

　それゆえ、私はすべてについて無効とすることを請います。上に述べたこと、それが金銭に関わることであれ、身体に関わることであれ、魂に関わることであれ、私は遺憾に思います。すべてについて誓約、誓い、物忌み、禁

139

止、ヘレム、コナム、決意という言葉を使ったことを悔います。

　見てください。定めによれば、（このように誓ったことを）悔やみ、（誓いの）無効を願う者は、（具体的に）どの誓いがそうなのかを特定する必要がありますが、しかしながら先生方、どうかご理解ください。それは多すぎてとても特定できません。また私は、無効にできない誓いについては無効にするようにとお願いすることはしません。それゆえ、どうか私がそれらを特定したかのように看做（みな）してください。

1)　申 23：22, 23。
2)　元は「犠牲」のことであるが、ここでは「物忌み」の意味。
3)　これも「禁制」、「法度（はっと）」を意味する。
4)　サムソンについては「頭にかみそりを当てない」という禁忌が思い浮かぶが（士 13：5）、ここは不明。
5)　ミツヴァとは「戒律」と訳される言葉で、宗教的な義務をいう。複数はミツヴォット。
6)　原語は「ネダバ」という言葉。

我らの父、我らの王よ

アヴィーヌー・マルケーヌー avinu malkenu

　アヴィーヌーは、父を意味するアヴに、「我らの」を意味する接尾代名詞が付いたもの。マルケーヌーは、王を意味するメレフに、やはり「我らの」を意味する接尾代名詞が付いたもの。

　イザヤ書 63 章 16 節に「あなたは私たちの父です」とあり、同書 33 章 22 節には「主は我らの王となって、我らを救われる」とある。

　新年（ローシュ・ハシャナ）から贖罪（しょくざい）の日（ヨム・キプール）までの 10 日間、すなわち「懺悔の 10 日間」の朝の祈り（シャハリット）と午後の祈り（ミンハ）に唱えられる。すべてが「我らの父よ、我らの王よ」で始まる、多数の節からなる長い祈り（連禱）である。節の数は祈禱書によってまちまちで、少ないもので約 30、多いもので 40 以上もある。長い年代を経る内に、祈りが徐々に増し加わったようだ。祈禱書によって節の順序が異なる。そもそも

140

節と節の間に内容上の関連性が乏しい。節が多いように、内容も多岐にわた
る。

我らの父よ、我らの王よ、我らはあなたの前に罪を犯しました。

我らの父よ、我らの王よ、あなた以外に我らには王はいません。

我らの父よ、我らの王よ、御名の故に我らに（良きに）計らってください。

我らの父よ、我らの王よ、我らの上に良き年を新たに始めてください。

我らの父よ、我らの王よ、

　　　　　　　　　我らの厳しい裁きをすべて無効にしてください。

我らの父よ、我らの王よ、我らを憎む者の企みを空しくしてください。

我らの父よ、我らの王よ、我らの仇の協議を阻んでください。

我らの父よ、我らの王よ、我らから敵と仇を絶やしてください。

我らの父よ、我らの王よ、

　　　　　　　　　我らの敵と我らを咎める者の口を塞いでください。

我らの父よ、我らの王よ、疫病、剣、飢え、捕囚、殺戮、不正、破壊を

　　　　　　　　　あなたの契約の民から取り除いてください。

我らの父よ、我らの王よ、

　　　　　　　　　あなたの嗣業（の民）から疫病を避けてください。

我らの父よ、我らの王よ、我らのすべての罪を許してください。

我らの父よ、我らの王よ、

　　　　　　　　　我らの罪と咎をあなたの目の前からぬぐい去ってください。

我らの父よ、我らの王よ、

　　　　　　　　　我らの負債の記録を、豊かな慈悲ですべて消してください。

我らの父よ、我らの王よ、

　　　　　　　　　我らを全き回心をもって御前に立ち帰えらせてください。

我らの父よ、我らの王よ、

　　　　　　　　　あなたの民の病める者に全き癒しをよこしてください。

我らの父よ、我らの王よ、我らに対する悪しき裁定を破棄してください。

我らの父よ、我らの王よ、あなたの前に我らを良きに覚えてください。

我らの父よ、我らの王よ、我らを良き命の書 1) に記載してください。

我らの父よ、我らの王よ、我らを贖いと救いの書に記載してください。
我らの父よ、我らの王よ、我らを賄いと支えの書に記載してください。
我らの父よ、我らの王よ、我らを功績（権利）の書に記載してください。
我らの父よ、我らの王よ、我らを赦しと許しの書に記載してください。
我らの父よ、我らの王よ、

　　　　　　　　我らのために救いを速やかに芽生えさせてください。
我らの父よ、我らの王よ、

　　　　　　　　あなたの民、イスラエルの誉れを高めてください。
我らの父よ、我らの王よ、

　　　　　　　　あなたの油注がれた者の誉れを高めてください。
我らの父よ、我らの王よ、我らの手をあなたの祝福で満たしてください。
我らの父よ、我らの王よ、我らの蔵を豊かに満たしてください。
我らの父よ、我らの王よ、

　　　　　　　　我らの声を聞き、我らを憐れみ、慈しんでください。
我らの父よ、我らの王よ、

　　　　　　　　我らの祈りを、慈しみと好意をもって受けてください。
我らの父よ、我らの王よ、我らの祈りのために天の門を開いてください。
我らの父よ、我らの王よ、我らが塵に過ぎないことを覚えてください。
我らの父よ、我らの王よ、我らを御前から空しく去らせないでください。
我らの父よ、我らの王よ、

　　　　　　この一時を、御前に、憐れみの時、好意の一時としてください。
我らの父よ、我らの王よ、

　　　　　　　　我らと我らの幼子、我らの乳呑み子を憐れんでください。
我らの父よ、我らの王よ、

　　　　　　　　あなたの聖なる名のゆえに殺された人々のために、
　　　　　　　　　　　　　　良きにふるまってください。
我らの父よ、我らの王よ、

　　　　　　　　あなたの唯一性のゆえに屠られた者のために、
　　　　　　　　　　　　　　良きにふるまってください。
我らの父よ、我らの王よ、

あなたの御名の聖性のゆえに火と水の中を通る者のために、
良きにふるまってください。
我らの父よ、我らの王よ、

あなたの僕の流された血の復讐を、
我らの目の前で果たしてください。
我らの父よ、我らの王よ、

あなたのために、そうでなければ我らのために、
良きに計らってください。
我らの父よ、我らの王よ、

あなたのゆえに良きに計らい、また我らを救ってください。
我らの父よ、我らの王よ、

あなたの豊かな慈悲のゆえに良きに計らってください。
我らの父よ、我らの王よ、

我らの上に唱えられる偉大な、力強い、畏るべき御名のゆえに
良きに計らってください。
我らの父よ、我らの王よ、

我らを憐れみ、答えてください。
我らには、（良き）行いはありませんが、

我らに憐れみと慈悲をくださり、救ってください。

1)　詩69：29参照。

我らは（その）正当性を宣言しましょう

ウネタネ・トケーフ u-netane tokef

ウネタネの冒頭の「ウ」は、ここでは「さて」というほどの意味の接続詞 1)。ネタネは「宣言する」という意味の動詞タナの希求の未完了形。トケーフは「力」などの意味の言葉であるが、ここでは「正当性」の意。新

年（ローシュ・ハシャナ）と贖罪の日（ヨム・キプール）に唱える祈りである
が、神の裁きの崇高さと、またそれに対する畏れを表すピユート（詩文）で
ある。11世紀頃の作品。祈りの名称は、冒頭の2つの言葉から来ている。
名称の日本語訳、さらに本文の日本語訳も巧みとは言えない。我ながら残念
である。

　我らは、この日の神聖さの正当性を宣言しましょう。それは畏れ多く、怖
いほどだからです。あなたの王権はその上で高められ、あなたの王座は慈愛
により固く据えられ、あなたは真実をもって、その上に座されます。以下の
ことは真実です。（すなわち）あなたは審判であり、証明する方、知る方、
証言する方、記録する方、印を押す方、数える方、計算する方。またあなた
はすべて忘れ去られたことを覚えておられ、記録の書を開かれます。それは
一人でに読まれ、すべての人の署名がそこにあります。大いなる角笛が吹き
鳴らされますが、小さな、細い声が聞こえます。天使たちは狼狽し、苦悶と
震えに捕えられます。彼らは言います、「見よ、裁きの日。裁きのために天
の万象を集められる。あなたの目からすれば、（我らも）裁きにおいて罪な
しではないからです」と。世界中のすべての人が、羊の群れのように、あな
たの前を通ります。羊飼いがその群れを調べる時に、その群れを杖の下を通
らせるように、あなたも（人々を）通らせ、数え、量ります。そしてすべて
生けるものの魂に思いをはせ、あなたのすべての被造物の必要を定め、人々
の判決文を記されます。
　新年には人々は登録され、贖いの断食の日（贖罪の日）に封印されます。
何人が世を去り、何人が生まれるか、誰が生き、誰が死するか、誰が定めの
終わりを迎えるか、誰がそうでないか、誰が水で、誰が火で、誰が野獣に
よって、誰が飢えで、誰が乾きで、誰が地震で、誰が疫病で、誰が絞められ
て、誰が石打ちで死ぬのか。誰が憩いを得、誰がさ迷うか、誰が静寂を得、
誰が悩まされるか、誰が平安になるか、誰が試みにあうか、誰が貧しくなる
か、誰が富むか、誰が低くされ、誰が高くされるか。
　しかし回心、祈り、慈善（の行為）が厳しい裁きを避けるでしょう。

1)　「（贖う方が）シオンへ来られる」(76 頁）も「ウ」で始まる（イザ 59：20, 21)。「ウネタネ」で始まるこの祈りは旧約のスタイルを踏襲したものか。

10 　贖罪の日

ヨム・キプール yom kipur

　ヨムは「日」の意、キプールは「贖い」の意。キプールの複数形に冠詞
「ハ」を添えて「ヨム・ハキプリーム」とも言う。24 時間の断食をもってこ
の日を守る習慣がある。ユダヤ教にはこれ以外にも断食の日が複数あるが、
ヨム・キプールは最も重要で厳粛である。

（罪の）贖い

カパロット kaparot

　カパロットもキプールと同じく「贖い」を意味する言葉だが、カパラの複
数形である。贖罪の日（ヨム・キプール）に唱える。詩篇 107 篇とヨブ記の
引用からなる。ヨム・キプールの始まる夕べ、足を縛った鶏を用意し「これ
は私の身代わりです。これは私の代わりのものです。これは私の贖罪です。
この鶏は死にますが、私は好ましい長い、また平安な人生にはいります」と
唱えながら、3 回、自分の頭の周りで回す習いがある。鶏の代わりにお金を
用い、後でそれを慈善事業に寄付することもあるらしい。このしきたりもカ
パロットと呼ぶ。前章で最初に紹介した「（主なる）あなたは（すべての罪を）
投げ込まれる」（137 頁）と同じく、この慣習、しきたりに対して、呪い的
であると批判的なとらえ方もユダヤ教の中にはあるという。

　彼らは、闇と死の陰に座る者、貧苦と鉄の枷が締めつける捕らわれ人と
なった [1]。（主は）闇と死の陰から彼らを導き出し、束縛するものを断ってく
ださった [2]。彼らは、無知であり、背きと罪の道のために屈従する身になっ

146

た。どの食べ物も彼らの喉には忌むべきもので、彼らは死の門に近づいた。苦難の中から主に助けを求めて叫ぶと、主は彼らの苦しみに救いを与えられた。主は御言葉を遣わして彼らを癒し、破滅から彼らを救い出された。主に感謝せよ。主は慈しみ深く、人の子らに驚くべき御業をなし遂げられる[3]。

　千人に一人でもこの人のために執り成し、その正しさを示すために遣わされる御使いがあり、彼を憐れんで「この人を免除し、滅亡に落とさないでください。代償を見つけて来ました」と言ってくれるなら[4]。

1)　詩 107：10。
2)　詩 107：14。
3)　詩 107：17-21。
4)　ヨブ 33：23, 24。

我らは罪を犯しました

アシャムヌー ashamnu

（前出。69 頁）

罪を（許してください）

アル・ヘット al chet

　アルは「〜について」あるいは「〜を」という意味の前置詞。ヘットは「罪」。朝の祈りで紹介した「我らは罪を犯しました」に対して、俗に「大きい告白」と呼ばれるもので[1]、贖罪の日（ヨム・キプール）に唱える。ヘブライ語原文は各節が「我らが御前に犯した罪を（許してください）」（アル・ヘット）で始まるが、日本語では、その句が後ろになる。

　まず2つずつ22組、合計 44 の罪が挙げられている。その後に9つの罪が掲げられている[2]。その途中に「すべてについて、赦しの神よ、我らを許し

147

たまえ、容赦したまえ、贖いたまえ」という句が、やや不規則に3回、配されていて全体を4分割している。

強いられたり、また進んで、	我らが御前に犯した罪を
頑迷なゆえに、	我らが御前に犯した罪を
知らずに、	我らが御前に犯した罪を
唇から出たもの（言葉）で、	我らが御前に犯した罪を
不品行で、	我らが御前に犯した罪を
公に、また密かに、	我らが御前に犯した罪を
意図的に、また企んで、	我らが御前に犯した罪を
口から出た言葉で、	我らが御前に犯した罪を
友を欺いたことで、	我らが御前に犯した罪を
思いの中で、	我らが御前に犯した罪を
悪しき集いで、	我らが御前に犯した罪を
誠意のない告白で、	我らが御前に犯した罪を
親や先生を侮ったことで、	我らが御前に犯した罪を
悪意で、また間違って、	我らが御前に犯した罪を
力づくで、	我らが御前に犯した罪を
御名を汚して、	我らが御前に犯した罪を
穢れた唇で、	我らが御前に犯した罪を
愚かな言葉で、	我らが御前に犯した罪を
悪しき思いで、	我らが御前に犯した罪を
知りつつ、また知らないで、	我らが御前に犯した罪を

すべてについて、赦しの神よ、我らを許したまえ、
　　　　　　　　　容赦したまえ、贖いたまえ。

不誠実と欺きで、	我らが御前に犯した罪を
賄賂をもって、	我らが御前に犯した罪を
あざけりで、	我らが御前に犯した罪を

悪しき言葉で、　　　　　　　　我らが御前に犯した罪を
取引で、　　　　　　　　　　　我らが御前に犯した罪を
食べ物、また飲み物で、　　　　我らが御前に犯した罪を
　利息、利子（のこと）で、　　　我らが御前に犯した罪を
　横柄な振舞いで、　　　　　　　我らが御前に犯した罪を
浅はかなおしゃべりで、　　　　我らが御前に犯した罪を
詮索好きな目で、　　　　　　　我らが御前に犯した罪を
　高ぶった眼差しで、　　　　　　我らが御前に犯した罪を
　厚かましさで、　　　　　　　　我らが御前に犯した罪を

すべてについて、赦しの神よ、我らを許したまえ、
　　　　　　　　　　　容赦したまえ、贖いたまえ。

（着けられた）軛を投げ打って、　我らが御前に犯した罪を
裁判の争いで、　　　　　　　　我らが御前に犯した罪を
　友たちに罠を仕掛けて、　　　　我らが御前に犯した罪を
　恨みの目で、　　　　　　　　　我らが御前に犯した罪を
軽率ゆえに、　　　　　　　　　我らが御前に犯した罪を
頑なゆえに、　　　　　　　　　我らが御前に犯した罪を
　悪へのなびきで、　　　　　　　我らが御前に犯した罪を
　（他人の）中傷で、　　　　　　我らが御前に犯した罪を
虚しい誓いで、　　　　　　　　我らが御前に犯した罪を
理由なき憎しみで、　　　　　　我らが御前に犯した罪を
　約束のことで、　　　　　　　　我らが御前に犯した罪を
　心の乱れで、　　　　　　　　　我らが御前に犯した罪を

すべてについて、赦しの神よ、我らを許したまえ、
　　　　　　　　　　　容赦したまえ、贖いたまえ。

全焼の献げ物を、　　　　　　　我らが必要とする、その罪を

贖罪の献げ物を、	我らが必要とする、その罪を
諸々の献げ物を、	我らが必要とする、その罪を
賠償の献げ物を、	我らが必要とする、その罪を
謀反の鞭打ちを、	我らが必要とする、その罪を
40回の鞭打ちを、	我らが必要とする、その罪を
天の法廷で死罪を、	我らが必要とする、その罪を
破門と「子なし」を、	我らが必要とする、その罪を
裁きにおける四つの死刑、（すなわち）石打ち、火焙り、斬首、絞殺を、	
	我らが必要とする、その罪を

1) 「我らは罪を犯しました」（69頁）は「小さい告白」または「短い告白」である。
2) これらは五書に罰則が記されている罪のように見うけられる。

すべての誓いを（遺憾に思います）

コール・ニドゥレ kol nidre

　コールは「すべて」の意。ニドゥレは「誓い」の意味。この祈りの名称はアラム語であり、本文も一部を除いてアラム語である[1]。贖罪の日（ヨム・キプール）の始まる夕刻、夕の礼拝（アルヴィット）の前に唱える。名称は祈りの冒頭の語句から来ているが、下の日本語の訳文においては「すべての誓い」は冒頭ではなく、少し先に現れる。

　この祈りは事情あって19世紀には多くのスィドゥールから削られてしまったらしい。内容を根拠に、反セム主義の論者からは「ユダヤ人の誓いは効力がない」と攻撃された。そのためか、この有名な祈りは私の手元のスィドゥールにはひとつを例外として一切記載されていない。なお前章で紹介した「誓いの取り消し」（ハタラット・ネダリーム）は量が、この祈りの何倍もあるが、まさに同じ趣旨の祈りである。「ニドゥレ」と「ネダリーム」は共に「誓い」のことである。

　この贖罪の日（ヨム・キプール）から、我らのために良きにと巡り来る次の（来年の）贖罪の日までの間に [2]、我ら自身が誓い、忌みと定め、約束し、聖別しようとしている、すべての誓い、忌み、約束、聖別、コナム、コナス [3]、あるいはその類のものすべてを遺憾に思います。すべて解除し、放免し、破棄し、停止し、放棄します。効力はなく、拘束力がありません。有効でなく、不変でもありません。我らの誓いは誓いではなく、我らの義務は義務でなく、我らの約束は約束ではありません。

1)　アラム語の翻訳は訳者の手に負えるものではなかった。インターネットで得た複数の祈禱書の英文の翻訳の助けを得た。
2)　ここまでがヘブライ語の部分。
3)　コナム、コナスはともに「献げ物」（コルバン）を意味することば。

11　その他の祝祭

奉献の祭り　ハヌカ chanuka

　ハヌカは旧約聖書外典（旧約聖書続編）の「マカバイ記Ⅰ」の伝えるハス
モン朝（マカバイ家）の対セレウコス朝勝利の記念の祭りである。ギリシア
系のセレウコス朝によって汚された神殿をユダ・マカビー（マカバイ）らの
活躍で奪回し、清め、改めて奉献したので、「奉献」を意味するハヌカとい
う名で呼ばれる。ヨハネによる福音書 10 章 22 節はこれに触れて、「神殿奉
献記念祭」としている。新改訳は「宮きよめの祭り」と呼んでいる。

砦よ、岩よ
（とりで）

マオーズ・ツール maoz tzur

　マオーズとは「砦」の意、ツールは「岩」の意。名称は歌詞の冒頭の、こ
の 2 つの言葉からなる。2 つの名詞は同格であり、共に神の「あだ名」であ
る。ハヌカの祭りで唄われるもの。13 世紀のドイツ起源とされる。6 つの
連（スタンザ）からなる。最後の連は後世の付加とされる。十字軍の遠征の途次（とじ）にあっ
たヨーロッパのユダヤ人の社会は、略奪や暴行の被害に遭い、それに対する
怨念が最後の連の「悪しき民に復讐を」に表われている。

　砦よ、私の救いの岩よ [1)]、あなたを讃えることは喜びです。
　私の祈りの家を立ててください。
　我らは、そこで感謝の献げ物を供えます。
　吠える敵のために、あなたが屠り場（ほふ）を用意されたら、

152

その時、私は賛美の歌をもって祭壇の奉献を終えます。

　　　私の魂は災いで溢れ、悩みに私の力は尽きます。
　　　彼らは私の命を、苦難で辛いものにしました。
　　　牛の王国 2) で奴隷状態でした（から）。
　　　（神は）その大きい手で宝（その民）を引き上げられました。
　　　（一方）ファラオの兵隊と、またファラオの子たちは
　　　石のように深みに下って行きました 3)。

主は私を至聖所に連れていかれましたが、
そこでも私は憩いを得ませんでした 4)。
私を虐げる者が来て、私を捕え移しました 5)。
私が異教の神々に仕えたからです。
悪い酒を飲んで、私はほとんど死にかけました。
バビロンの（捕囚の）終わりに、ゼルバベルが来て
70 年の後に私は解き放たれました 6)。

　　　高い杉の木をハメダタの子アガギが切り倒そうとしました 7)。
　　　しかしそれは彼にとって罠となり、彼の傲慢は鎮められました。
　　　あなたはベンヤミン人 8) を顧みられ、
　　　敵とその名を消し去りました。

あなたは彼の多くの子と富を木につるし（て殺し）ました 9)。
ギリシア人が私に対して群れをなしました 10)。
それはハスモン朝のことでした。
彼らは私の城の壁を破り、油をすべて汚してしまいました。
しかし薔薇 11) のために、残った（油の）器に奇跡が起こりました。
悟りある民は歌と喜びの 8 日間を定めました 12)。

　　　あなたの聖なる腕をあらわにし 13)、救いを近づけてください。

あなたの僕の血の報復を、悪しき民 ¹⁴⁾ に対して行ってください。

我らにとって救いは遠く、悪しき日々に 終わりはないからです。

陰にいるエドム人 ¹⁵⁾ を追い出し、

私たちに七人の牧者 ¹⁶⁾ を立ててください。

1) イザ 17:10 参照。
2) エジプトのことらしい。エレ 46:20 参照。
3) 出 15:5 参照。
4) 何の故事をさすのか不明。
5) バビロン捕囚を指す。
6) エズ 1:1, 2 参照。
7) アガギはハマンのこと。この連はエステル記の故事を語る。エス 9:24 参照。
8) モルデカイのこと。エス 2:5 参照。
9) エス 9:14 参照。
10) これ以下、この連はマカバイ記の故事を語る。
11) イスラエルの民を象徴するとされる。
12) ハヌカの祭りは 8 日間の祭り。I マカ 4:56, 59 参照。
13) イザ 52:10 参照。
14) 「悪しき民」は、ラビ的ユダヤ教ではローマ教会やキリスト教を指す。
15) エドムもラビ文学ではローマ教会やキリスト教を指す。
16) イスラエルを救う牧者。ミカ 5:4 参照。タルムード「スッカー篇」52b は以下の 7 人を挙げる。すなわちアダム、セト、メトシェラ、ダビデ、アブラハム、ヤコブ、モーセ。メトシェラはエノク（ヘブライ語はハノーホ）の子（創 5:21, 22）。敬虔で神の覚えめでたい父エノクではなく、なぜメトシェラなのだろうか。

（ハヌカの）奇跡について（感謝します）

アル・ハニスィーム al ha-nisim

　アルは「～について」という意味の前置詞。ハニスィームは「奇跡」を意味するネスの複数形に、冠詞「ハ」がついている。アル・ハニスィームとは、この場合「奇跡について（感謝します）」という意味である。次項で紹介する「（プーリームの）奇跡について」と共に、勝利への感謝と祝いの歌である。ヘブライ語の原文においては、「アル・ハニスィーム」が祈りの冒頭に現れる。

　この祈りは、ハヌカの祭りの際に「立禱（アミダ）」の18番目の祈り［感謝］に続けて唱えることになっている。したがって「立禱」のところで紹介してもいいのだが、便宜的に、ここで取り上げる。

　あなたが、我々の先祖に、その日、この時に行った奇跡、救い、英雄的行為、勝利、不思議な業、慰め、戦いについて（感謝します）。

　それはハスモン家の大祭司ヨハナンの子、マティトゥヤフー（マタティア）およびその息子たちの時代のこと。あなたの民イスラエルに対して邪悪なギリシアの王国が興り、あなたの律法を忘れさせ、あなたの意思から民を遠ざけようとしたときのことでした。しかしあなたは豊かな慈しみをもってその困難な時に、彼らのそばに立たれました。また彼らの申し立てを取り上げ、訴えを裁き、報復を果たし[1]、強者を弱者の手に、多勢を無勢の手に、汚れた者を清い者の手に、悪人を正しい者の手に、不逞の輩を、あなたの律法を学ぶ者の手に渡されました。あなた自身のためにあなたは、あなたの世界で偉大な、また神聖な名声をなされ、またあなたの民イスラエルのために、大いなる勝利と救いを、今日のごとくなさいました。

　その後あなたの息子らが、あなたの宮の至聖所に来て宮を掃き、神殿を清めました。また聖所の庭で灯りを点し、これらハヌカの8日間を定め、あなたの偉大な名声に感謝し、讃えるようになりました。

1)　エレ51：36参照。

プーリーム　purim

　プーリームは「エステル記」に由来するもので、古（いにしえ）のペルシアにおけるユダヤ人の勝利を祝う祭りである。プーリームという言葉は籤を意味するプール[1]の複数形であるが、それが祭りの名称となった。物語の主人公、エステルとモルデカイの活躍に馴染みの読者も多いであろう。勝利といってもハヌカと違って、武力によるものではなく知恵による勝利である。

1)　元はアッカド語、アッシリア語あるいはペルシャ語だったようで、ヘブライ語にとっ
　　ては外来語である。エステル記でも「プルとよばれる籤」（ヘブライ語では籤のことはゴ
　　ラールという）とわざわざ説明している。エス3：7参照。

（プーリームの）奇跡について（感謝します）

アル・ハニスィーム al ha-nisim

　祈りの名称については、前項「（ハヌカの）奇跡について」を参照されたい。
　プーリームの祭りの折、「立禱（アミダ）」の中で唱える。18番目の祈り、［感謝］
に続けて唱えることになっている。したがって「立禱」のところで紹介して
もいいのだが、これも便宜的に、ここで取り上げる。ここでも、奇跡（ハニ
スィーム）は、ユダヤ側の勝利をさす。

　あなたが、我々の先祖に、その日、この時に行った奇跡、救い、英雄的行
為、勝利、不思議な業、慰め、戦いについて（感謝します）[1]。
　それは（ペルシアの）都、シュシャン（スサ）のモルデカイとエステルの
時代のこと。
　邪悪なハマンが2人に対して立ちはだかり、すべてのユダヤ人を若いも
のから年寄りにいたるまで、子どもも女も一日にして根絶やし、殺害してな
きものにし、財産を掠め取ろうとしました。12番目の月、すなわちアダル
の月の13日でした[2]。
　しかし、あなたは大いなる慈しみをもってハマンの決心を覆（くつがえ）し、その意図
をくじき、その頭に報いを返されました。ハマンとその息子らは木に掛けら
れました。

1)　ここまではハヌカのものと共通の文言。
2)　エス3：13。

〈3つの巡礼の祭り〉

シャロッシュ・レガリーム　shalosh regalim

　旧約聖書に基づく「過ぎ越しの祭り」、「七週の祭り」、「仮庵の祭り」は「3
つの巡礼の祭り」（シャロッシュ・レガリーム）[1] と呼ばれる。出エジプト記
23章17節に「年に三度、男子はすべて、主なる神の御前に出ねばならない」
とある。3つとも出エジプトの故事と関連づけられている。ユダヤ教の祭り
を紹介、説明するのが目的ではないが、祈りの背景として最小限それに触れ
る必要を感じ、その都度、簡単に祭りの説明をする。

　これらの祭りの日々にも「立禱」が唱えられるが、実は平日に唱えられる
ものと同じではない。「立禱」の19の祈りの内の最初の3つの祈り、すなわ
ち、1［族長たち］、2［（神の）力］、3［御名の神聖さ］と最後の3つの祈り、
すなわち、17［礼拝］、18［感謝］、19［平安］は、前後の枠として同じなの
だが、その間に挟まれる4から16までの合わせて13の祈りが、以下の本文
に見るように、［この日の聖別］と呼ばれるものと置き換えられる。ややこ
しい。全く同じことが、「6　安息日」で紹介した〈安息日の「立禱」〉でも
みられる（121頁以下）。

　1）　シャロッシュは数詞で「3」の意、レガリームは「巡礼」の意のレゲルの複数形。

過ぎ越しの祭り　　　　　　　〈3つの巡礼の祭り〉

ペサハ pesach

　「過ぎ越しの祭り」は出エジプトの故事を記念して春、ニサンの月（ユダ
ヤ暦の第7の月）に祝われる祭りである。「過ぎ越し」と訳されるペサハは、
「過ぎ越す」という意味の動詞パサハから来ている。1週間も続く祭りだが、
最初の夕にはセデルと呼ばれる大掛かりな晩餐を家族で、あるいは親戚一同
で催す習慣がある。セデルは「過ぎ越しの語り」（ハガダ・シェル・ペサハあ

るいは単にハガダ）という式文に従って営まれる。この式文は色々な体裁で
印刷されて冊子の形で使用される。ハガダは祈禱書ではなく、まさに「語
り」の台本である。

　祭りの期間も会堂では日々の礼拝が営まれる。祭りに特有な祈りはなく、
下に見るように僅かに「立禱」が変形されるが、基本的にはいつもと変わら
ない祈りを捧げて礼拝がもたれる。

（祈りの冒頭は「立禱」1-3。56頁以下参照）

[この日の聖別] [1]

　あなたは我らを、すべての民の中から選ばれ、我らを愛し、我らを嘉（よみ）し、
すべての言語の中から我ら（の言葉）を引き揚げ、あなたの戒めをもって我
らを聖別し、我らの王よ、あなたの礼拝に我らを近づけ、我らの上に、あな
たの聖なる偉大な名を呼ばれました。

　主なる我らの神よ、愛をもって、あなたは喜びのために祝いの日を、また
楽しみのために祭りと定めの時を、この種（たね）なしパンの祝い [2]、我らの解放の
時 [3] を我らにお与えくださいました。それは聖なる集い、出エジプトの記
念です。

（以下は「立禱」17-19）

1)　ケドゥシャット・ハヨム（kedushat ha-yom）。ケドゥシャットは「聖性」を意味する
　　ケドゥシャの連語形。ハヨムは「日」を意味するヨムに冠詞「ハ」が冠せられたもの。
2)　過ぎ越しの祭りの別名。新共同訳は「除酵祭」、新改訳は「種を入れないパンの祭り」
　　とそれぞれ訳している。下線を付したのは、後に紹介する2つの［この日の聖別］と比
　　較するためである。
3)　出エジプトは奴隷状態からの解放である。

七週の祭り

〈3つの巡礼の祭り〉

シャヴオット shavuot

　シャヴオットは、「一週」を意味するシャヴアの複数形。もともと春ある

158

いは初夏の穀物収穫の季節の終わりを画する祭りであるが、後のユダヤ教は、この日、モーセがシナイ山でトーラー（律法）を授かったとして出エジプトと関係づけた。

　前項の「過ぎ越しの祭り」で紹介した祈りとほぼ同じであり、下線部のみが異なる。

（祈りの冒頭は「立禱」1-3。56頁以下参照）

［この日の聖別］

　あなたは我らを、すべての民の中から選ばれ、我らを愛し、我らを嘉し、すべての言語の中から我ら（の言葉）を引き揚げ、あなたの戒めをもって我らを聖別し、我らの王よ、あなたの礼拝に我らを近づけ、我らの上に、あなたの聖なる偉大な名を呼ばれました。

　主なる我らの神よ、愛をもって、あなたは喜びのために祝いの日を、また楽しみのために祭りと定めの時を、<u>この七週の祭り</u>[1]、<u>我らの律法の授与の時</u>[2] を我らにお与えくださいました。それは聖なる集い、出エジプトの記念です。

（以下は「立禱」17-19）

1)　過ぎ越しの祭りの最初の日から数えて7週間後に来るので、この名前がある。ペンテコステは50番目を意味するギリシア語であるが、それがこの祭りをさすものとなり、日本語の「五旬節」はそれに由来する。

2)　聖書的な根拠はあまりないが、七週の祭りの時期にモーセがシナイ山でトーラー（律法）を授かったとされ、この祭りは新たな意味と名前を付与された。すなわち「トーラーの授与の時」である。

かりいお
仮庵の祭り　　　　　　　　〈3つの巡礼の祭り〉

スコット sukkot

　順序として〈3つの巡礼の祭り〉の最後に来るのが仮庵の祭りである。スコットとは「仮庵」（小屋）と訳されるスカの複数形である。秋の収穫の祭

りであるが、仮庵は出エジプトを果たしたイスラエルの民が荒れ野で彷徨した際の住まいであるとして、ここでも「出エジプト」と結びつけられている。

　上に紹介した「過ぎ越しの祭り」、「七週の祭り」の祈りとほぼ同じであり、下線部のみが異なる。

（祈りの冒頭は「立禱」1-3。56 頁以下参照）

［この日の聖別］

あなたは我らを、すべての民の中から選ばれ、我らを愛し、我らを嘉^{よみ}し、すべての言語の中から我ら（の言葉）を引き揚げ、あなたの戒めをもって我らを聖別し、我らの王よ、あなたの礼拝に我らを近づけ、我らの上に、あなたの聖なる偉大な名を呼ばれました。

**　主なる我らの神よ、愛をもって、あなたは喜びのために祝いの日を、また楽しみのために祭りと定めの時を、この仮庵の祭り、我らの喜びの時¹⁾ を我らにお与えくださいました。それは聖なる集い、出エジプトの記念です。**

（以下は「立禱」17-19）

1)　申 16：13-15 参照。15 節に「あなたはただそれを喜び祝うのである」とある。

12　新しい記念日

　1948 年にイスラエルという国が独立し、ユダヤ人（とユダヤ教）の歴史は新しい時代を迎えた。新興のイスラエルは、新しい記念日を幾つか定めた。それに伴って新しい祈りが作られた。翻訳者は新しいものを紹介することに躊躇を覚えた。新しい祈りは本書の「守備範囲」ではない。伝統的なものが対象であるからだ。しかし、参考になると考えた。

ナチス迫害記念日　ヨム・ハショア yom ha-shoa

　ヨムは「日」の意。ハショアは「滅亡」、「破滅」、「荒廃」、「災難」などを意味するショアに冠詞「ハ」が付いたもの。ショアは旧約聖書にも比較的稀に見られる言葉であるが[1]、「ハショア」は前世紀のナチスによるユダヤ人迫害を意味することになった。ユダヤ暦のニサンの月の 27 日である。この日付が選ばれたのは、ワルシャワ・ゲットーの蜂起[2] の日（ニサンの月の 15 日）と、独立記念日（イヤルの月の 5 日）の間に求めたためらしい。ニサンの月は西暦の 4 月から 5 月に来る春の月である。長いユダヤの歴史において、この事件は新しい出来事である。ショアが起こった当時は存在しなかった国家、イスラエルが第 2 次世界大戦後に独立し、制定した記念日である。私の手元の 16 種の祈禱書でショアに触れている祈りは 3 つに過ぎない[3]。その内の 2 つを次に紹介する。いずれもショアの犠牲者を追悼するものである。残るひとつはアメリカの改革派の祈禱書の英語の詩文である。

　ところで、この記念日の期日の制定については伝統的なユダヤ教の側から反対意見があったらしい。ニサンの月には、ユダヤの最大の祭りとも言うべき 7 日間の過ぎ越しの祭り（ペサハ）があるので、この季節は祝賀の時期であるべきだ、というのが理由だという。言われてみれば、過ぎ越しの祭りの最後の日から僅か 6 日間しか離れていない。

161

1) イザ47：11、ゼファ1：15など13例ある。
2) ドイツに占領されて創られたワルシャワのユダヤ人のゲットーで、1943年4月に対ド
    イツの武装蜂起があった。
3) その規模のあまりの大きさと凄惨さに、ユダヤ教はショアについて、未だ「総括」が
    できていないのではないかと感じられる。

ショアの殉難者の追悼

アズカラ・レクドシェ・ハショア azkara le-kdoshe ha-shoa

　現代ヘブライ語においては、ショアに「ナチスによる迫害の大惨事」の意
味を新たに付与し、固有名詞的に使うようになった。それで祈りの名称にお
いてはショアを日本語に翻訳しないことにする。アズカラは「記憶」の意。
ここでは「追悼」と意訳した。「レ」は前置詞「〜のための」。クドシェは「殉
難者」を意味するカドッシュの連語形複数。繰り返すが、この祈りは新しい
もので、また祈禱書はあまたあるが、それらに頻出するものではない。
　文体は古いヘブライ語の祈りに倣っている。

　慈愛に満ちる主よ、すべて生きるものの魂と、すべての人の肉の霊があな
たの御手にあります。どうか、御前に我らの教え（トーラー）と我らの祈り
が嘉されますように。聖なる御名のゆえに亡くなったイスラエル（ユダヤ）
の何百万の人々の魂のために。老いたるも若きも、男も女も子どもも敵意を
持つドイツ人（彼らの名は消されるように）によって、殺され、絞められ、焼
かれて灰にされました。その中には偉大な（ユダヤ教の）学者、律法の専門
家、義人たち、汚れなき人々、イェシバ（学塾）の長たち、また、その弟子
たち、さらに罪も味わうことがなかったイスラエル（ユダヤ）の赤子たち、
また（その他の）義人たちもいました。また御名のゆえに、その魂を捧げた
イスラエル（ユダヤ）の諸会衆や聖なる会衆の（宗教的）指導者もいました。
また、その人々と共に亡くなった我らの親族のためにも、上述の人々を、世
界の残りの義人と共に、神が良きに覚えてくださるように。また、神の僕た
ちの流された血の復讐を果たしてくださるように。神の人、モーセの律法の

書にこのように書かれています。

　（すなわち）「国々よ、主の民に喜びの声をあげよ。主はその僕らの血に報復し、苦しめる者に報復して、その民の土地を贖（あがな）われる [1)]」。

　また、あなたの僕、預言者によって、このように書かれています。

　（すなわち）「私は彼らが流した血の復讐をする。必ず復讐せずにはおかない。主はシオンに住まわれる [2)]」。

　また、諸書 [3)] にこのように書かれています。

　（すなわち）「どうして異国の民に言わせてよいでしょうか、『彼らの神はどこにいる』と。あなたの僕らの注ぎ出された血に対する報復を、異国の民の中で、私たちが目の前に見ることができますように [4)]」。

　彼らの魂が、命の袋に納められ [5)]、あなたの民、すべてのイスラエルと共に慈愛によって死者の復活に与（あずか）れますように。我らを離散から贖うために我らの義なるメシアを送ってください。世界の四隅から我らを我らの地へ速やかに集め、完全な贖いを与えてください。アーメン。

1)　申 32：43。
2)　ヨエ 4：21。
3)　ヘブライ語聖書では、詩篇は「諸書」に位置づけられる。
4)　詩 79：10。以上の聖書からの引用は「14　人の死、埋葬、追悼、墓参」で紹介する「慈愛なる父よ」（184 頁）の祈りに倣っている。
5)　サム上 25：29 参照。

ショアの（犠牲者の）亡骸（なきがら）の追悼

　　　ズィカロン・レハラレ・ハショア zikaron le-chalale ha-shoa

　ズィカロンは「記念」、「追悼」の意。前項の祈りのヘブライ語名「アズカラ」と同根で類似の概念である。「レ」は前置詞「〜のための」。ハラレは「亡骸」を意味するハラールの連語形複数である。

　ヨーロッパに離散していた、あなたの民イスラエルの、偉大なる聖なる御（み）

名の炉の上で（焼き尽くす献げ物として）焼かれた[1]すべての会衆の霊を神が覚えてくださるように。（それは、ユダヤ暦）5700年から5705年[2]にかけて600万の男性、女性、男の子、女の子、少年、少女、老人、子ども、幼児、乳飲み子が、恐ろしい残虐性をもって殺され、命を奪われました。開いた墓穴のそばで、彼らの住むその場所で、都会で、町で、村で大量に殺戮されました。残った者は、屠り場に行く羊のように、収容所へ送られ、様々な恐ろしい方法で殺されました。またドイツとポーランドの恐るべき絶滅収容所で飢えと渇き、肉体と魂を終わらせる過酷な労働で、恐ろしい病で、火で、水で、窒息で、毒で、ガス室で亡くなり、焼却炉で焼かれて灰となりました。死の収容所は人殺しのドイツの民の悪魔的なナチスの政権が計画的に建てましたが、それを助けた諸々の民が一緒になり、ユダヤ民族を殺害し、消し、絶滅させるという共通の意図と目的がありました。ユダヤ教の形跡を消し去り、すべてイスラエルの名で呼ばれるものを完全に終わらせるために。

　復讐の神、全地の裁き手よ[3]、あなたの民に敵対する者に7倍の復讐をしてください[4]。死へ取り去られた人々が叫んだ「聞け、イスラエルよ」の祈りを覚えてください。（亡くなった）父たちや子らの、母たちや乳飲み子たちの、偉大な学者たち、（ユダヤ教の教えの）師と弟子たちの血について黙さないでください。苦しむ者の叫びが、栄光の御座の前に届いて、急ぎ、我らの目の前で、正しい、罪のない、イスラエルの墓を得なかったあなたの息子、娘たちの復讐をしてください。以下のように書かれています。（すなわち）主はその僕らの血に報復し、苦しめる者に報復して、その民の土地を贖われる[5]。

---

1)　「焼き尽くす献げ物」！ これがショアという未曾有の出来事へのユダヤ教側のひとつの理解なのか。ちなみに、ホロコーストという英語があるが、これは「焼き尽くす献げ物」（ヘブライ語オラ）のギリシア語訳から来ている。ホロコーストは元の意味に加えて、前項で触れたショアの意味を帯びることになった。
2)　1940年から1945年。
3)　詩94：1, 2参照。
4)　創4：15, 24参照。

5)　申 32：43。

戦没兵士追悼記念日と独立記念日

ヨム・ハズィカロン yom ha-zikaron

ヨム・ハアツマウート yom ha-atzmaut

　イスラエルの戦没兵士追悼記念日は独立記念日の前日に意図的に設定されている。ユダヤ暦のイヤルの月の４日に前者が、明くる５日に後者が来る。２つは不可分の関係にある。兵士の犠牲の上に独立と存立がある、という理解である。最初の独立記念日は、1948 年５月 14 日であったが、それは上記のように、イヤルの月の５日であり、以来ユダヤ暦で守られている。

　手元の祈禱書で、２つの記念日のための特別の祈りを掲載したものは多くはなかったが、少なくもなかった。ユダヤ教はイスラエルという国をどう受け入れていくのだろうか。

（イスラエル国防軍の戦没兵士）追悼記念日の祈り

トゥフィラット・ヨム・ハズィカロン（・レハラレ・ツァハル）

tfilat yom ha-zikaron（le-chalale tzahal）

　トゥフィラットは「祈り」を意味するトゥフィラの連語形。ヨムは「日」の意。ハズィカロンは「記念」、「追悼」の意、冠詞「ハ」付き。「レ」は「～のための」の意の前置詞。ハラレは「亡骸（なきがら）」の意のハラールの連語形複数。ツァハルはイスラエル国防軍のことで、軍（**tz**va）・国防（**ha**gana）・イスラエルの（**le**-yisrael）を縮略した呼び方である。

　イスラエルは独立戦争と呼ぶ最初の戦争以来、隣国と数次にわたり戦火を交えた。当然のことながら、そのたびに将兵から多数の犠牲者を出した。その霊を祈念するものである。

天におられる我らの父よ、すべての肉なるものの霊の神よ、罪なき潔（きよ）き我らの息子たち、我らの娘たちの魂を覚えてください。民族と国家の救済のために、彼らは勇敢に自ら進んで命を危険にさらしました。彼らは民族と祖国の解放のために、「鷲よりも速く、獅子よりも雄々しかった [1]」。聖なる土地でイスラエル建国にあたり、彼らは（犠牲の）祭壇に登り、パレスチナ [2] と離散 [3] にあるイスラエル（ユダヤ）の全家に力と勇気を吹き込み、その解放と魂の救いに向かって目を覚ましました。

　我らの神が、遠い昔からの幾千万のイスラエル（ユダヤ）の殉教者とその英雄的行為と共に、彼らを良きに覚えてくださいますように。

　彼らの魂を命の袋に納めてください [4]。彼らがエデンの園で憩いますように。彼らが臥所（ふしど）で安らかに憩い、終わりの日に、それぞれの（定めの）運命に立ち向かいますように [5]。アーメン。

1) サム下 1:23。
2) 近年、「パレスチナ」の意味が、それを冠する自治体（国家）の出現で大きく変わってきたが、ここではイスラエルが存在する土地を意味する。原文には、パレスチナという言葉ではなく「ハアレツ」とある。「土地」を意味するエレツに冠詞「ハ」が付いて音が変わり「ハアレツ」となる。
3) 「離散」とは、イスラエル（パレスチナ）ではなく、海外に散っているユダヤ社会をさす概念である。
4) サム上 25:29 参照。
5) ダニ 12:13 参照。

国の安寧の祈り

トゥフィラット・シュロム・ハメディナ tfilat shlom ha-medina

　トゥフィラットは、「祈り」の意のトゥフィラの連語形。シュロムは「安寧」、「平安」の意のシャロームの連語形。ハメディナは「国家」の意、冠詞「ハ」付き。ユダヤ国家、イスラエルは誕生からまだ100年も経っていない。

天におられる我らの神よ、イスラエルの岩、我らを贖（あがな）う方よ、イスラエ

ル国を祝福してください。それ（この国）は我らの贖いの芽生えの始まりです。慈悲をもってお守りください。あなたの平安の幕屋で、それ（この国）を覆ってください。またあなたの光と真実を、その（この国の）長たち、従者たち、助言者たちに送り、良き知恵で、御前に彼らを正してください。

　我らの聖なる土地の守りの手を強くしてください。我らの神が彼らに救いを嗣業として与え、勝利の冠を彼らにかぶせてください。こうして国土に平安を、住民に永遠の喜びをお与えください。

　また、（世界に）離散する我らの兄弟たち、イスラエルの全家を贖い、速く、しっかりと立って、シオン、あなたの町、エルサレム、あなたの神殿へ歩ませてください。あなたの僕、モーセの律法に以下のように書かれています。

　（すなわち）「たとえ天の果てに追いやられたとしても、あなたの神、主はあなたを集め、そこから連れ戻される。あなたの神、主は、かつてあなたの先祖のものであった土地にあなたを導き入れ、これを得させ、幸いにし、あなたの数を先祖よりも増やされる[1]」。

　我らの心を、あなたの御名への愛と畏れに合わせ、あなたのすべての教えを守るようにしてください。また、ダビデの子、あなたの義なるメシアを急ぎ、我らに送ってください。あなたの救いを待つ人々を贖うために。

　あなたの力の輝きを、あなたの世界に住むものの上に、栄光のうちに表してください。（かくして）霊のあるものは、「イスラエルの神である主は王であり、その王国はすべてを統べ治める[2]」と宣言します。アーメン。セラ。

1)　申30：4, 5。
2)　詩103：19b（新改訳）。

希　望

ハティクヴァ ha-tikva

　ハティクヴァとは「希望」を意味するティクヴァに冠詞「ハ」が付いた

ものである。この詩文は、ナフタリ・ヘルツ・イムベル[1] というガリシア[2]生まれの、さすらいのヘブライ語詩人の作品である。最初はシオニズムの賛歌であったが、イスラエルの独立後、国歌に制定された。これを記載した祈禱書が僅かながらある。紹介するに当たり、ここに置いた。イスラエルはユダヤ国家を標榜（ひょうぼう）するのだが、現今、国内には2割近くの非ユダヤ系市民がいる。

> ユダヤ人の魂が、心の奥で願うかぎり、
> まなこが東の方、シオンを窺う（うかが）かぎり、
> 我らの希望は失われない。
> 2000年来の希望、
> 我らの土地で自由な民として存在すること、
> シオン、すなわちエルサレムの地で。

1) Naphtali Hertz Imber 1856-1909。
2) 今日のウクライナの南西部一帯をさす。当時はオーストリア帝国の一部であった。

13 食べ物の祝福

ビルカット・ハマゾン birkat ha-mazon

　英語では「食後の感謝」（グレイス・アフター・ミール）と訳されるのだが、その通り食後に唱える祈りである。ビルカットは「祝福」、「祈り」を意味するブラハの連語形。ハマゾンは「食べ物」のことで冠詞「ハ」が付いている。次の複数の独立した祈りからなる。一家で食事をする場合、ビルカット・ハマゾンの読誦はユダヤの家庭における大事な儀式である。マルコによる福音書14章にいわゆる「最後の晩餐」のことが記されているが、26節に「一同は賛美の歌をうたってから、オリーブ山へでかけた」とある。ユダヤ社会の食後の祈りの習慣を思わせる記事である、とされる。

　なお、キリスト教の家庭で育ち、「食前の感謝」に慣れた翻訳者には「食後の感謝」は意外であった[1]。

---

　1)　祈りを食後にする習慣は「あなたは食べて満足し、（中略）あなたの神、主をたたえなさい」（申8:10）にあるとされる。

食べ物を与える方の祝福

ビルカット・ハザン birkat ha-zan

　ハザンとは「食物を与える者」を意味するザンに冠詞「ハ」が付いたもの。この場合は、主なる神をさす。

**　世界の王である、我らの神、主なるあなたは祝福されますように。その方は、その良きもの、（すなわち）好意、恵み、慈愛で全世界を養われる。**

主はすべて肉なるものにパン（食べ物）を与えます。主の恵みは永遠ですから。その大いなる御名の故に、その大いなる良きものの故に、我らはかつて食べ物が不足したことはなく、またこれからも永久にないでしょう。なぜなら主はすべてを養い、支え、すべてに益をもたらし、ご自分が創造されたものに食べ物を用意される神だからです。すべてのものに食べ物を施す、主なるあなたは祝福されますように。

大地の祝福

ビルカット・ハアレツ birkat ha-aretz

ハアレツは「土地」、「大地」のこと。冠詞「ハ」付き。食事の祈りが、食物を産出する大地に言及するのは当然のことと言える。

主なる我らの神よ、我らの先祖に麗しい、豊かな、広い土地をお与えくださり、また主なる神よ、我らをエジプトの地から導き出し、奴隷の家から贖ってくださったことを、我らの体に刻印されたあなたの契約[1]に対して、また我らに教えてくださったあなたの律法に対して、我らに知らしめてくださったあなたの掟に対して、我らにお与えくださった命と恵みと慈しみに対して、そして、たえず日々、いつも、いかなる時もあなたが食物を食べさせてくださること、また我らを支えてくださることに対して、あなたに感謝します。

我らの神なる主よ、すべてについて我らはあなたに感謝し、あなたを祝福します。御名がすべて生けるものの唇によって、たえず、永遠に讃えられますように。次のように記されています。（すなわち）「あなたは食べて満足し、（あなたの神が）良い土地をあなたに与えてくださったことを思って、あなたの神、主を讃えなさい[2]」と。大地と食物のゆえに、主なるあなたは祝福されますように。

1) 割礼（194頁）をさすようである。
2) 申 8：10。

エルサレムの建設

ビンヤン・エルシャライム binyan yerushalaim

　ビンヤンは「建設」の意。ヘブライ語ではエルサレムのことをエルシャライムという。「エルサレムの建設」とはなんだろうか。1948年にイスラエルというユダヤ国家が誕生し、1967年には、それまでヨルダン領であったエルサレムの旧市をも占領し併合して、イスラエルは神殿の跡地を含む町全体を管理下においた。ある意味で「エルサレムの建設」を果たしたのだが、ユダヤ教はこの祈りが成就したとは見ていないようだ。石川耕一郎氏は「霊的エルサレムの再興を願って」のことではないかと説明している。「エルサレムの建設」の題目は「立禱」にもある（59頁参照）。ビンヤン・エルシャライムは「エルサレムの再建」と意訳されることが多いが、翻訳者はあえて「建設」とした。

　なお、これと関係することであるが、およそ2000年前にヘロデ大王が建てたエルサレムの神殿の広大な長方形の跡地は、ウマイヤ朝の7世紀以来今日まで、アラビア語でワクフというイスラムの法人の管理下にある。今日のユダヤ教には、ここを取り戻して第三神殿を造営しなければならないという考えや願望は少数のようである。

**　我らの神なる主よ、あなたの民、イスラエルを、あなたの都、エルサレムを、あなたの栄光の住まうシオンを、あなたのメシアたるダビデ家の王国を、あなたの名において呼ばれる聖なる大いなる神殿を憐れんでください。我らの神、我らの父よ、我らを牧し、我らを養い、我らを支え、我らを賄い、我らを憩わせてください。我らの諸々の悩みから、我らを速やかに救ってください。主なる我らの神よ、我らをして、どうか肉と血の贈り物や貸付けを必要としないようにしてください。ただあなたの豊かな、開かれた、聖**

171

なる、広い御手を必要とします。そうすれば我らは、永遠に恥じることも卑下することもありません。

　聖なる都、エルサレムを我らの時代に速やかに建ててください。憐れみによってエルサレムを建てる、主なるあなたは祝福されますように。アーメン。

善きものにして善をなす方

ハトーヴ・ヴェハメティーヴ ha-tov ve-ha-metiv

　ハトーヴは「善きもの」という意味の形容詞トーヴに冠詞「ハ」が付いたもの。ヴェハメティーヴは「善をなす者」の意味のメティーヴに「そして」という意味の接続詞「ヴェ」と冠詞「ハ」が付いたもの。「善きものにして善をなす方」は、もちろん神である。

　世界の王、我らの神、主なるあなたは祝福されますように。唯一の神、我らの父、我らの王、我らの君主、我らの創り主、我らを贖う方、我らの造り主、我らの聖なる方、ヤコブの聖なる方、我らの牧者、イスラエルの牧者、善き王にしてすべてに対して善をなす王、日々我らに善きことをなされたし、（今も）善きことをなされ、（これからも）善きことをなさる。主は我らに恵み、慈しみ、憐れみ、憩い、助け、成功、祝福、救い、慰め、支え、扶養、慈悲、命、平安、そしてすべての良きものをもって報いられたし、（いまも）報いられますし、また（これからも）永遠に報いられます。そしてすべて良きものが我らに欠けることがありませんように。

慈悲深い方

ハラハマン ha-rachaman

　ラハマンは「慈悲深い」という形容詞であり、また「慈悲深い人」の意味

にもなる。冠詞「ハ」が付いて、ここでは「神」のことである。上記の4つの祈りに続いて、ここに見る「ハラハマン」で始まる一連の句が食後の感謝に追加されることがある。「慈悲深い方」で始まる節がちょうど10あって、最後に主に詩篇の引用からなる祈りが置かれている。

慈悲深い方、その方は我らを永遠に治めますように。

慈悲深い方、その方は天においても地においても祝されますように。

慈悲深い方、その方は世々に誉め讃えられ、我らを通してとこしえに栄光を表し、我らの内で久しく栄えを現しますように。

慈悲深い方、その方は尊厳をもって我らを養ってくださるように。

慈悲深い方、その方は我らの首の枷を砕き、
　　　毅然として我らの土地へ速やかに我らを導いてくださるように。

慈悲深い方、その方はこの家で、また食事をしたこの食卓の上で、
　　　我らに豊かな祝福をもたらしてくださいますように。

慈悲深い方、その方は預言者エリヤを我らに遣わし、
　　　よきおとずれと救いと慰めを我らにもたらしてくださいますように。

慈悲深い方、その方は私の師である父と、私の師である母を祝福してくださるように。

慈悲深い方、その方は我らの心にその教えと、その愛を植え付けてくださり、我らが罪を犯さないように、
　　　我らに畏れを与えてくださるように。
　　　彼らと我らのために、高みにおいて覚えられ、永遠の平安がありますように。
　　　主から祝福を、救いの神から恵みを我らがいただけますように。
　　　そして、我らが神と人の目に好意と名声を得ますように[1]。

慈悲深い方、その方は、我らをメシア（油注がれた人）の時代と
　　　来世の生活に相応しいものにしてください。
　　　主は勝利を与えて王を大なる者とし、油注がれた人を、
　　　ダビデとその子孫を、とこしえまで慈しみのうちにおかれる[2]。

高みにおいて平安をもたらされる方が、我らとイスラエルの
　　すべての民の上に平安をもたらされるように。

　主の聖なる人々よ、主を畏れ敬え。主を畏れる人にはなにも欠けることが
ない。若獅子は獲物がなくて飢えても、主に求める人には良いものの欠ける
ことがない[3]。恵み深い主に感謝せよ。慈しみはとこしえに[4]。すべて命あ
るものに向かって御手を開き、望みを満足させてくださいます[5]。祝福をさ
れよ、主に信頼する人は。主がその人のよりどころとなられる[6]。若いとき
にも老いた今も、私は見ていない、主に従う人が捨てられ、子孫がパンを乞
うのを[7]。どうか主が民に力をお与えになるように。主が民を祝福して平和
をお与えになるように[8]。

1)　箴 3：4 参照。
2)　詩 18：51。
3)　詩 34：10, 11。
4)　詩 136：1。
5)　詩 145：16。
6)　エレ 17：7。
7)　詩 37：25。
8)　詩 29：11。

3つの場合の祝福

　　　ベラハ・メエン・シャロッシュ beracha meen-shalosh

　ベラハは「祝福」、「祈り」の意。メエンは「類似する」を意味するらし
いのだが、ここではその意味が判然としない。シャロッシュは「3」、「3つ」
を意味するヘブライ語の数詞。表題は残念ながら祈りの内容を語っていな
い。実は、すでに上に紹介した食事の際の祈りは、厳密に言うと、小麦粉か
ら作るパンを含む食事であって、(1) そうでない穀物から作った食べ物など
を食べたり、(2) ワインを飲んだり、(3) 果物を食した後に唱えるのが、こ

こで紹介する祈りである。「小麦粉から作るパンを含む食事」は言わば日本人にとって「お米のゴハン」のようなものらしい。それ以外のものを口にしたら、別の祈りを唱えよ、と言うことか。例によってややこしいのだが、ユダヤの習慣は脇において、祈りの内容を伝えたいと思う。上に（1）、（2）、（3）として食べ物を3つに分けたが、それによって3つの祈りがあるわけである。その3つは、冒頭の2つの言葉が違うだけである。「大地の産物、麗しく好ましく……」以下が3つに共通した部分。

（1）**食べ物と支え** [1]、（あるいは）（2）**葡萄と葡萄の実** [2]、（あるいは）（3）**木と木の実、大地の産物、麗しく好ましく広い土地。**これらについて、世界の王である我らの神、主なるあなたは祝福されますように。あなたはそれを我らの祖父たちに引き継がせ、その実りを食し、その良さに満足することを望まれました。我らの主なる神よ、あなたの民、イスラエルを、あなたの都、エルサレムを、あなたの栄光が住まうシオンを、あなたの祭壇、あなたの神殿を、どうぞ憐れみください。また聖なる都、エルサレムを我らの日々に、速やかにお建てください。我らをその中に上らせ、その建設の営みで我らを喜ばせ、その実りに与らせ、その素晴らしさに満足させてください。我らはまた、その神聖さ、潔さにおいて、あなたを祝福します。あなたは善き方、またすべてに対して善をなす方だからです。我らはあなたに感謝します。この土地と、（生活の）支えについて、主なるあなたは祝福されますように。

1)　小麦以外の穀物から作った食物をさす。
2)　「葡萄の実」はワインをさす。

14 人の死、埋葬、追悼、墓参

スマホット smachot

　表題に書いた事柄をヘブライ語でスマホットという。スマホットは「喜び」を意味するスィムハの複数形で、これはまさに「諸々の慶事」と訳せる言葉である。しかし実は婉曲な表現であって、その逆の事柄すなわち「弔事」を意味している。「スマホット」と銘打って特別のページを割く祈禱書も複数ある。訳者もそれに倣い、弔事に関する祈りをここに集めてみた。

死の床の告白

ヴィドゥイ・シェル・シュヒーヴ・メラア
vidui shel shchiv meraa

　アラム語の名称である。ただし本文はヘブライ語。ヴィドゥイは「告白」、「懺悔」の意[1)]。シェルは「〜の」の意味の前置詞。シュヒーヴは「臥している」という状態を表す名詞。メラアは「病」のこと。シュヒーヴ・メラアで「不治の病にある」という意味になる。病に臥す本人の告白の祈りである。

　主なる私の神、私の父祖の神よ、御手の内に私の回復も私の死もあることを、御前に告白します。私が完全に（病から）回復することが、あなたのみ旨でありますように。しかし私がたとい死ぬとしても、私の死が、御前に私が犯し、過ち、染めた、すべての罪、過ち、咎の贖いとなりますように。私の分をエデンの園にお取り置きくださり、義人のために隠されている次の世で、私に恩恵を施してください。

176

1）「2　朝の祈り」の「懺悔」（68頁）参照。

（死者の）横たえ

ハシュカヴァ hashkava

　ここに紹介するのは、死者の埋葬の折りの祈りである。年齢や性別によって祈りが複数あるが、成人男性と女性向けのものを選んだ。「横たえ」とは、聞きなれない語法であろうが、他動詞ヒシュキーヴ、「横たえる」の行為名詞のつもりである。語根はシャハーヴ（横たわる）である。死者を永遠の眠り（休息）へ横たえる行為と思いを意味する。遺体の埋葬のこともあり、葬儀社も関わってくる[1]。

　（成人男性向け。亡き男性の名を仮にルーベンとする）

　知恵はどこに見いだされるのか、分別はどこにあるのか[2]。いかに幸いなことか、知恵に到達した人、英知を獲得した人は[3]。御恵みはいかに豊かなことでしょう。あなたを畏れる人のためにそれを蓄え、人の子らの目の前で、あなたに身を寄せる人に、お与えになります[4]。神よ、慈しみはいかに貴いことか。あなたの翼の陰に人の子らは身を寄せ、あなたの家に滴る恵みに潤い、あなたの甘美な流れに渇きを癒す[5]。主の慈しみに生きる人は栄光に輝き、喜び勇み、伏していても喜びの声をあげる[6]。

　（ここまでを欠くものあり）

　いかに幸いなことか、主を畏れる人、主の戒めを深く愛する人は[7]。名声は香油にまさる。死ぬ日は生まれる日にまさる。弔いの家に行くのは、酒宴の家に行くのにまさる[8]。すべてに耳を傾けて得た結論。「神を畏れ、その戒めを守れ」。これこそ人間のすべて[9]。（亡き人に）至高の集いにおいて、ご臨在（神）の翼の下で真の安らぎがありますように。義人たちや汚れなき人々が、天空の輝きのように光り、煌めく、その高みで。神の御前に、自身の強化、罪の赦し、過ちから遠く、救いに近く、慈しみと恵みがありますように。来世の生活で良き分がありますように。（そこで）憐れむべき良き名、

（亡き）ルーベンの魂の分と場所と住まいがありますように。主の霊が彼を
エデンの園に憩わせますように。彼は天と地の支配者である神の意思でこの
世を離れました。諸王の王たちの王（である神）が憐れんで彼をみ翼の陰に
かくまい、その天幕の中に隠し、彼が主の慈しみを見、その聖所を訪ねるよ
うにしてください。終わりの日に神は彼を起こし、主の喜びの流れから飲ま
せ、彼の魂を命の絆につなぎ、その眠りを尊厳あるものにしてください。主
が彼の嗣業（しぎょう）となりますように。また（彼に）平安がありますように、その横
たえの場に平安がありますように。聖書に（次のように）書かれています。
平和が訪れる。真実に歩む人は横たわって憩う[10]。彼および彼と共に横た
わるイスラエルの子らが慈しみと赦しに含まれますように。それがみ旨であ
りますように。アーメン。

1) オーストラリア、シドニーのユダヤ教の葬儀社の式文集（40ページほどの冊子）に記
   載されたハシュカヴァもインターネットで見ることができ、参考にした。ユダヤ教の葬
   儀社のことをヘヴラ・カディシャ（chevra kadisha「聖なる協会（法人）」の意）という。
2) ヨブ 28：12。
3) 箴 3：13。
4) 詩 31：20。
5) 詩 36：8, 9。
6) 詩 149：5。
7) 詩 112：1。
8) コヘ 7：1, 2b。
9) コヘ 12：13。
10) イザ 57：2。

（成人女性向け。亡き女性の名を仮にナオミとする）

　有能な妻を見いだすのは誰か。真珠よりはるかに貴い妻を[1]。あでやかさ
は欺き（あざむ）、美しさも空しい。主を畏れる（おそ）女こそ、讃えられる。彼女にその手の
実りを報いよ。その業を町の城門で讃えよ[2]。慈愛に満ちる方、すべての慈
愛はその方のもの。すべての世界はその方の言葉で創造されました。この世
界も、来るべき世界も。神の意思を行う正しい、敬虔な女性をそこに蓄えま
した。神の言葉と栄光と力によって神が宣言して、尊く、謙遜で貴い婦人、
（亡き）ナオミの魂の記憶が、御前（みまえ）に上げられますように。主の霊が婦人を

178

エデンの園（パラダイス）に憩わせるように。（婦人は）天と地の支配者である神の意思でこの世を離れました。王（である神）が、慈愛をもって婦人に同情し、慈しまれるように。婦人に平安がありますように、また横たえの場に平安がありますように。聖書に（次のように）書かれています。平和が訪れる。真実に歩む人は横たわって憩う[3]。婦人および婦人と共に横たわるイスラエルの娘たちが慈しみと赦しに含まれますように。それがみ旨でありますように。アーメン。

1)　箴 31：10。「有能な妻」（104 頁）参照。
2)　箴 31：30, 31。
3)　イザ 57：2。

（神の）裁きの受け入れ（長い版）

ツィドゥーク・ハディーン tziduk ha-din

　ツィドゥークは「正当とすること」、ここでは転じて「承認」、「受け入れ」の意。ハディーンは「（神の）裁き」の意で、冠詞「ハ」が付いている。ツィドゥーク・ハディーンとは、「（親しい者の死の、残った者による）受け入れ」ということである。ここでは墓地で遺体の埋葬が終わったときに唱える祈りの名称である。聖書からの 10 余箇所の引用などを含む。ちなみにユダヤ教では土葬である。長短 2 つの版がある。次項を参照。

　主は岩、その御業は完全で、その道はことごとく正しい。真実の神で偽りなく、正しくてまっすぐな方[1]。
　主は岩、すべての働きにおいて完全です。誰が主に向かって何をするのか、と言えましょう。（主は）下をも上をも治め、命を絶ち、また命を与え、陰府に下ろし、また引き上げてくださいます[2]。
　主は岩、すべての営みにおいて完全です。誰が主に向かって何をなすのか、と言えましょう。あなたは語り、実行されます。また無償で我らに慈悲

179

を給います。子羊のように縛られたもの[3]の功績によって、聴き、行動してください。

すべての道において義なる方、完全な岩よ、忍耐強く、慈愛に満ちた方。慈愛と憐れみを親たちと子どもたちに垂れてください。主よ、許しと憐れみはあなたのものだからです。

主よ、命を奪うも与えるも、あなたは正しいのです。すべての魂の差配はあなたの手の中にあるからです。我らの記憶をどうか消し去らないでください。あなたの慈愛の目を我々に向かって開いてください。主よ、憐れみと許しはあなたのものだからです。

人が一年（この世に）存在しようと、千年生きようと、その人に何の益がありましょう。まるで存在しなかったかのようです。（人を）殺し、また生かす真の裁く方は祝福されますように。

主は祝福されますように。その裁きは真実で、その目ですべてを見渡し、人にその勘定と判定で報いられます。すべてのものは御名（みな）に、その承認を与えなければなりません。

主よ、我らは知っています、あなたの裁きが正しいことを。あなたが語られる時、あなたは正しく、またあなたが裁かれる時あなたは潔くあられます[4]。あなたの裁きに不平を言う者はいません。主よ、あなたは正しく、あなたの裁きはまっすぐです[5]。

真実の判事、正義と真実の審判、真実の審判は祝福されますように。そのすべての裁きは正しく、真実だからです。

すべて生けるものの魂はあなたの御手の中にあります[6]。右の御手には正しさが溢（あふ）れている[7]。あなたの手の中の残りの羊を憐れんでください。天使に言ってください、その手を引くようにと[8]。

その 謀（はかりごと） は偉大であり、御業は力強い。あなたの目は人の歩みをすべて御覧になり、各人の道、行いの実りに応じて報いられます[9]。

こうして彼らは、主の正しいことを告げましょう。主は、我が岩。主には不正がありません[10]。

主は与え、主は奪う。主の御名はほめ讃えられますように[11]。

しかし、神は憐れみ深く、罪を贖（あがな）われます。彼らを滅ぼすことなく、繰り

返し怒りを静め、憤りを尽くされることはありませんでした¹²⁾。

1)　申 32：4。
2)　サム上 2：6。
3)　イサクのこととされる。
4)　詩 51：6b 参照。
5)　詩 119：137。
6)　ヨブ 12：10 参照。
7)　詩 48：11b。
8)　サム下 24：16 参照。
9)　エレ 32：19。
10)　詩 92：16（新改訳）。
11)　ヨブ 1：21b。
12)　詩 78：38。

（神の）裁きの受け入れ（短い版）

ツィドゥーク・ハディーン tziduk ha-din

ツィドゥーク・ハディーンには上に紹介したものと比べ分量が 4 分の 1 くらいの短いものがある。祈りの趣旨は 2 つとも同じである。「短い版」として上の「長い版」と区別して紹介する。

あなたは正しい（お方）です、主よ。あなたの裁きは公正です。主はすべての道において正しく、すべての行いにおいて慈悲深いです。あなたの正義は永遠で、その教えは真実です。

主の裁きは真理で、すべて正義です。王の言葉は権威なので、王に向かって誰が「あなたは何をするのか」と言えましょう。主はひたむきな方ゆえ、誰が主を惑わせましょうか。主の心が欲したので主はそうしたのです。岩よ、その営みは完全です。神のすべての道は公正だからです。信頼の神、神は正しく公正です。真の裁き手。正義と真理の判事。真の裁き手は祝福されますように。そのすべての裁きは正義であり、真理だからです。

埋葬後のカディッシュ

カディッシュ・アハル・ハクブラ kadish achar ha-kbura

アハルは「〜の後」という意味の前置詞。ハクブラは「埋葬」の意、冠詞「ハ」付き。カディッシュとは、アラム語で「神聖な」を意味する形容詞であるが、独特の「頌栄（しょうえい）」の名称である。「15　その他の祈り」でカディッシュというものを4つまとめて紹介するが（187頁以下）、ここに取り上げるものは「頌栄」には違いないが、それらとは性格が異なる。

　これから新しくされる（世界で）、そして、そこで神が死者を蘇（よみがえ）らせ、彼らを永遠の命へ引き上げるその世界で、偉大な御名（みな）が高められ、聖とされますように。またエルサレムの町が再建され、その町のなかに神殿が完成され、地上から異教の祭儀が取り除かれ、天における（神の）祭儀が、その（しかるべき）場所に戻され、聖なる方が尊厳と栄光のなかで支配され、神の救いが芽生え、メシアが近づきますように。あなたがたが生きているうちに、あなたがたの時代に、イスラエルの全家の生きている時に、速やかに、早く。
　聖なる方の御名が、祝福され、崇（あが）められ、輝き、高められ、持ち上げられ、讃えられ、高くされ、賛美されますように。この世界で唱えられるすべての祝福、賛歌、賛美、慰めにまして。
　天よりの豊かな平安がありますように。また我らとイスラエルのすべての民の上に良い生活がもたらされますように。
　（主は）天の最も高いところに平和を打ち立てられる[1]。（その方が）我らとイスラエルのすべての民の上に平安をもたらされますように。皆、アーメンと言いなさい。

1)　ヨブ25：2。

〈(死者の) 魂の追悼〉
ハズカラット・ネシャモット hazkarat neshamot

　ハズカラットとは「記念」を意味するハズカラの連語形であるが、意訳して「追悼」とした。ネシャモットは「魂」を意味するネシャマの複数形。ハズカラット・ネシャモットは、以下に最初に紹介する「(神が) 覚えてくださるように」(イズコール) という祈りの、そもそもの名称であるが、更に続いて紹介する2つの祈り、「慈愛に満ちる神よ」(エル・マレ・ラハミーム) と「慈愛なる父よ」(アヴ・ハラハミーム) を含む包括的な名称でもあるようだ。ユダヤ教には、死者の霊を記念する機会が多々ある。安息日の始まる夕べにも、蠟燭を灯して故人を偲ぶ習慣がある。翻訳者 (筆者) は、それぞれの祈りが唱えられる背景を詳細に理解しているわけではないが、ここでは、どのような言葉をもって死者を追悼するかを示すことが目的である。

(神が) 覚えてくださるように

イズコール yizkor

　イズコールはザハール (覚える) という動詞の3人称単数の願望形。上の解説でも述べたように、この祈りはもともと「ハズカロット・ネシャモット」と呼ばれるものであるが、ヘブライ語においては「イズコール」(覚えてくださるように) で始まるので、この名称も定着した。家族、親類の追悼の祈りである。その中で故人に代わって、その記念に慈善を行うという約束がなされる。見本として、シモンという名の亡き父親のために、その息子が唱えるという想定で祈りを記す。

　我が師である、我が父、シモンの魂を神が覚えてくださいますように。故人は誓いをせずに彼の世界へ行きましたので、私が代わって慈善の施しをいたします。その報いとして、父の魂がアブラハム、イサク、ヤコブ、サラ、

リベカ、ラケル、レア、またエデンの園 [1] にいる、その他の義人たちの魂と命の絆で結ばれますように [2]。

1) パラダイスのこととされる。
2) サム上 25：29 参照。

慈愛に満ちる神よ

エル・マレ・ラハミーム el male rachamim

エルは「神」。マレは「満ちている」、「いっぱいである」という意味の形容詞。ラハミームは「慈愛」を意味するレヘムの複数形。上記のイズコールは家族、親類の追悼の祈りであるが、家族、親族ではない者、つまり知人や友人の追悼の場合は下記の定型の祈りがある。葬儀や故人の記念日、また墓参りにおいて唱える。故人の名を仮にヨアブとした。

　高みに住まわれる、慈愛に満ちる神よ、ヨアブは彼の世界へ逝ってしまいましたが、ご臨在（の神）の御翼の上に、相応しい彼の憩いをお与えください。大空が輝くように光る聖なる潔い人々の魂と共に。その魂の追悼のために慈善の施しをしましたので、エデンの園に彼の憩いの場を定めてください。それゆえ、慈愛に満ちる方が、永遠に彼を御翼の陰に置き、彼の魂を命の絆に結んでください。願わくは主が彼の嗣業となり、平安の内に臥所に安らぎますように。アーメン。

慈愛なる父よ

アヴ・ハラハミーム av ha-rachamim

　アヴは「父」のことだが、ここでは父なる「神」のことである。ハラハミームは「慈愛」を意味するラハムの複数形、冠詞「ハ」付き。「慈愛なる父よ」

とした。神の聖名に殉じた人々や破壊されたユダヤ社会のための祈りで、第
1回の十字軍の時代（11世紀）に作られた。安息日の朝の祈りに取り入れた
りするが、死者を記念し悼むものなので、ここで紹介する。祈りの後半は、
ほぼ聖書からの数か所の引用でなっている。

　高みに住まわれる慈愛に満ちる父よ、力強い慈悲をもって、敬虔な、誠実
な、また完全な者たちを顧みてください。また聖なる御名の故にその命を
ささげた聖なる会衆を。彼らは生前は愛すべき、愛しい人々でした。死し
ても（神から）離れることはありません。創造者の意思と岩（なる主）の望
みを行うにあたり、鷲よりも速く、獅子よりも強かったのです¹⁾。我らの神
よ、その他の世の義人ともども彼らを良きに覚えてください。また我らの目
の前で、主の僕の流された血の報いを果たしてください。神の人、モーセの
律法に書かれている通りです。（すなわち）「国々よ、主の民に喜びの声をあ
げよ。主はその僕らの血に報復し、苦しめる者に報復して、その民の土地を
贖われる²⁾」。またその僕たち、すなわち預言者によって以下のように記さ
れ、語っています。「私は彼らが流した血の復讐をする。必ず復讐せずには
おかない。主はシオンに住まわれる³⁾」。また聖書には以下のように記され
ています。（すなわち）どうして異国の民に言わせてよいでしょうか、「彼ら
の神はどこにいるのか」と。あなたの僕らの注ぎ出された血に対する報復
を、異国の民の中で、私たちが目の前に見ることができますように⁴⁾。また
次のように（聖書は）言います、「主は流された血に心を留めて、それに報
いてくださる。貧しい人の叫びをお忘れになることはない」と⁵⁾。さらに言
います、「主は諸国を裁き、頭となる者を撃ち、広大な地をしかばねで覆わ
れる。彼はその道にあって大河から水を飲み、頭を高く上げる⁶⁾」と。

1)　サム下1：23。
2)　申32：43。
3)　ヨエ4：21。
4)　詩79：10。
5)　詩9：13。
6)　詩110：6, 7。

墓参りの祈り

ビルカット・ベット・アラミン birkat bet alamin

　ビルカットは「祈り」、「祝福」を意味するブラハの連語形。ベットは「家」。アラミンはアラム語であり、アラーム（alam）の複数形[1]。アラームは、ヘブライ語のオラーム（olam）であり、オラームは今までも度々、祈りの名称の一部として登場した。「世界」や「宇宙」を意味する言葉だが、別に「永遠」の意味を持ち、ベット・アラミンは「永遠の家」すなわち「墓」を意味する。「墓の祈り」は、すなわち「墓参りの祈り」である。

　世界の王、我らの神、主なるあなたは祝福されますように。主は、あなたがたを義をもって創造し、義をもって養い、支え、義をもって終わらせました。（主は）あなたがたのすべての数を知っています。義をもってあなたがたを蘇らせ、立たせます。死せる者を生かす、主なるあなたは祝福されますように。

　あなたは永遠に勇者です、我が主よ。あなたは死せる者を生き返らせます。豊かに救われます。慈悲をもって命を支えます。大いなる憐れみで死せる者を蘇らせます。倒れる者を支え、病人を癒し、捕らわれた者を放ち、塵の中で眠る者と信頼をつなぎます。誰が、勇敢な行いの主である、あなたのようでありましょう。誰をあなたに比べられましょう。殺し、生かし、救いの芽を出させる王です。あなたは確かに、死せる者を生かす方。

---

1)　「アラム語」の「アラム」と、「アラーム」という言葉が、片仮名で表示すると大変似ているのだが、ローマ字で表記すると、前者は aram であり、後者は alam である。さらに細かいことを言うと、前者の a はアレフであり、後者はアインである。両者は語源的に全く関係のない言葉である。

15　その他の祈り

　この章は本書の最後の章であるが、分類や位置付けが難しく、紹介が遅れたものをここに拾って集めた。これでユダヤ教の祈りを、ほぼ網羅（もうら）できることになる。

〈カディッシュ〉

　「カディッシュ」とはアラム語で「神聖な」を意味する形容詞であるが（ヘブライ語では「カドーシュ」kadosh）、シナゴーグでの礼拝の節目で唱えるアラム語（一部ヘブライ語）の頌栄（しょうえい）のことを言う。カディッシュは元々ユダヤ教の学塾などで、学びの終了時に唱えられていたらしい。気持ちの上で区切りをつけるのが目的であると説明される。それが、いつしか礼拝の祈りに取り入れられることになった。

　調べると５種類ほどのカディッシュがあるようだが、煩雑になるので、以下の４種のカディッシュに絞り紹介する。「半カディッシュ」（ハッツィ・カディッシュ）、「孤児のカディッシュ」（カディッシュ・ヤトーム）、「満カディッシュ」（カディッシュ・シャレーム）、および「我らの師匠たちのカディッシュ」（カディッシュ・ドゥラバナン）である。「半カディッシュ」と「満カディッシュ」という日本語への翻訳であるが、「満」は英語のフル（full）であり、「半」はハーフ（half）である。満月、半月という言い方があるのに倣（なら）った。

　カディッシュは、これから紹介する４つの祈りの共通の名称である。共通の名称なので、ここにまとめた次第である。〈　〉はここでは一群の同名の祈りの総称である。

　カディッシュを、その内容の通り「聖なり」と、あるいは「頌栄」と意訳

しようとも思ったが、それは控えてアラム語の名称をそのまま使うことにした。

　興味深いことに、巻末または、その近くにカディッシュを載せているスィドゥールが多い。いかにも一区切りを示すもののように見受けられる。

　説明の都合で、まず「半カディッシュ」の紹介から始める。実は他の3つのカディッシュも、半カディッシュを頭に頂く構造になっているからである。

半カディッシュ　　　　　　　　　　　　　　　　　　〈カディッシュ〉

ハッツィ・カディッシュ chatzi kadish

　ハッツィとは「半分」を意味するが、祈りの分量が、次の次の項で紹介する「満カディッシュ」のおよそ半分なので、そう呼ばれるようだ。半カディッシュは、すべてのカディッシュの冒頭に置かれていて、カディッシュの核のようなものである。

　その偉大な御名（みな）が高められ、聖とされますように、ご自身が思いのままに創造された世界において。またあなたの御代（みよ）に、あなたの日々に、またイスラエルの全家の命がある内に急ぎ、近いうちに、あなたがその王国を支配され、またその贖（あがな）いを芽生えさせ、メシヤの到来を近づけてくださるように。アーメンと言いなさい。

　その偉大な御名が永久に、世々限りなく祝福されますように。また祝された方の御名が祝福され、崇められ、誉（ほ）められ、高められ、引き上げられ、尊ばれ、讃えられ、賛美されますように。この世で語られるすべての祝福、詩歌、賛美、慰めに増して。皆、アーメンと言いなさい。

孤児のカディッシュ

〈カディッシュ〉

カディッシュ・ヤトーム kadish yatom

ヤトームとは、父親か母親、あるいは両方に先立たれた者をいう。ヤトームの代わりにアヴェリーム、すなわち「哀悼者」という言葉を当てて、「哀悼者のカディッシュ」と呼ぶこともある。不思議なことに、本文には人の死や喪に関する言及は一切ない。悲しむべき境遇、状況にあっても神を讃えることを忘れない、ということのようである。実は単にカディッシュと言ったら、このカディッシュを指す。複数のカディッシュの中で一番有名なのである。

「天よりの豊かな平安が……」より前の部分は、上に紹介した半カディッシュと全く同じである。ユダヤ教の祈りの紹介も最終局面に入り、100近くのものを取り上げてきた。あまたある祈りの中で、「どれが一番大切な祈りか」と問われれば、ひとつではなく3つを挙げるようだ。「聞け、イスラエルよ」（シュマア・イスラエル）と「立禱」（アミダ）そして「孤児のカディッシュ」（カディッシュ・ヤトーム）を。

　その偉大な御名（みな）が高められ、聖とされますように、ご自身が思いのままに創造された世界において。またあなたの御代（みよ）に、あなたの日々に、またイスラエルの全家の命がある内に急ぎ、近いうちに、あなたがその王国を支配され、またその贖（あがな）いを芽生えさせ、メシヤの到来を近づけてくださるように。アーメンと言いなさい。

　その偉大な御名が永久に、世々限りなく祝福されますように。また祝された方の御名が祝福され、崇められ、誉（ほ）められ、高められ、引き上げられ、尊ばれ、讃えられ、賛美されますように。この世で語られるすべての祝福、詩歌、賛美、慰めに増して。皆、アーメンと言いなさい。

　天よりの豊かな平安がありますように。また我らとイスラエルのすべての民の上に良い命、満足、救い、慰め、逃れ、癒（いや）し、贖い、赦し、贖罪（しょくざい）、安

189

心、助けがもたらされますように。

　（主は）天の最も高いところに平和を打ち立てられる[1]。（その方が）我ら
とイスラエルのすべての民の上に平安をもたらされますように。アーメンと
言いなさい。

[1]　ヨブ25：2。

満カディッシュ　　　　　　　　　　　　　　　　　　　　〈カディッシュ〉

カディッシュ・シャレーム kadish shalem

　シャレームは「半分」に対する「満」の意。このカディッシュの前半は先
に紹介した「半カディッシュ」からなる。別名を「カディッシュ・ティットゥ
カヴェル」という。「ティットゥカヴァル」（titkaval）とは、「受け入れられ
ますように」の意で、祈りの中にある言葉である。「孤児のカディッシュ」
との違いは、「我らの祈りと願いが」以下の2行が追加されている点である。
その結果、「半カディッシュ」の約2倍の分量になっている。

　なお「天よりも豊かな平安が……」以降は、若干の異同はあるが、上に見
た「孤児のカディッシュ」、次に紹介する「我らの師匠たちのカディッシュ」
の3つに共通している。

（前半は上記の半カディッシュ）

　我らの祈りと願いが全イスラエルの祈りと願いと共に、天と地にまします
我らの父の前に受け入れられますように。アーメンと言いなさい。

　天よりの豊かな平安がありますように。また我らとイスラエルのすべての
民の上に良い命、満足、救い、慰め、逃れ、癒し、贖い、赦し、贖罪、安
心、助けがもたらされますように。

　（主は）天の最も高いところに平和を打ち立てられる[1]。（その方が）我ら
とイスラエルのすべての民の上に平安をもたらされますように。アーメンと

言いなさい。

1）　ヨブ25：2。

我らの師匠たちのカディッシュ　〈カディッシュ〉

カディッシュ・ドゥラバナン kadish d-rabanan

　ドゥラバナンのドゥは「〜の」の意味のアラム語の前置詞。ラバナンはアラム語であり、「我らの師匠たち」の意。祈りの冒頭近くに出てくる言葉であるが、まさに冒頭に出てくる「イスラエルの上に」（アル・イスラエル）の言葉をとって、この祈りを「アル・イスラエルのカディッシュ」と呼ぶこともある。ラバナンはヘブライ語ならラバニーム（ラビの複数）であり、宗教的な指導者、先生の意味だが、「師匠」という訳語を充ててみた。

　すでに述べたように「天より豊かな平安が……」以降は「孤児のカディッシュ」「満カディッシュ」と同一である。このカディッシュの「満カディッシュ」との違いは、「イスラエルの上に」から「先祖からありますように」までの部分である。

（前半は上記の半カディッシュ）

　イスラエルの上に、師匠たちの上に、弟子たち、また弟子の弟子たちの上に、またトーラー（ユダヤの教え）に携わるすべての人の上に、その人がどこの場所にいようと、その人々とあなたに、豊かな平安、恵み、慈しみ、愛情、長寿、豊かな糧と贖（あがな）いが、天（と地）にいる彼らの先祖からありますように。

　天よりの豊かな平安がありますように。また我らとイスラエルのすべての民の上に良い生活がもたらされますように。

　（主は）天の最も高いところに平和を打ち立てられる [1]。（その方が）我らとイスラエルのすべての民の上に平安をもたらされますように。アーメンと

言いなさい。

1)　ヨブ25：2。

〈ハレール〉

hallel

　ハレールと称する賛美と感謝の祈りが２つある。ハレールとはヘブライ語で「賛美する」という動詞の命令形であり、「賛美せよ」（単数）という意味になる。ローマ字表記はスペイン語の世界では halel というものがみられるが、ほかは圧倒的に hallel であり、shabbat において b を２回繰り返すのと同じで、l（エル）を２回繰り返すことにした。ちなみに、お馴染みのハレルー・ヤ（hallelu ya）とは、「ヤ（すなわち、ヤハウェ＝神）を讃えよ」（複数）という意味である。

ハレール

〈ハレール〉

ハレール hallel

　上述のように、ハレールとは「賛美しなさい」の意味なので、これを祈りの日本語名にすることもできるが、訳さないで原語の名称をそのまま使うこととした。

　ハレールは、詩篇113篇から118篇までの６篇をひとつのまとまりとして礼拝などで唱えるときに呼ぶ名称である。これら一連の詩篇は共通して神への賛美と感謝を内容とするもので、過ぎ越しの祭り（ペサハ）、七週の祭り（シャヴォット）、仮庵の祭り（スコット）、奉献の祭り（ハヌカ）、つまりユダヤの主要な祭日の「朝の祈り」（シャハリット）において、「立禱」（アミダ）の後に唱える習慣がある。なぜ詩篇の、これら連なる６つが特に選ばれたのか、確かなことはわかって

いないようだ。

（詩篇にはない下記の導入句で始まる）

　戒めをもって我らを聖（きよ）め、ハレールを唱えることを我らに命じられた、世界の王、我らの神、主なるあなたがほめ讃えられますように。

（以下、詩篇 113-118 篇。当該詩篇を参照）

大ハレール

〈ハレール〉

ハレール・ハガドール hallel ha-gadol

　ハガドールは「大きい」という形容詞に冠詞「ハ」が付いたものである。詩篇 136 篇を指し、安息日やその他の祝祭日の「朝の祈り」（シャハリット）において、〈数々の讃美の句〉（プスケ・ドゥズィムラ）[1] の中でこれを唱える。この詩篇は 26 節からなるが、各節はすべて「〜に感謝せよ」（ヘブライ語でホドゥー・レ〜）という繰り返し句で始まり、「慈しみはとこしえに」（ヘブライ語でキー・レオラーム・ハスド）という繰り返し句で終わるのが特徴である。日本語の聖書においても、それを視覚的に感じることができる。

（詩篇 136 篇参照） [2]

---

1)　45 頁。
2)　上に見たようにユダヤ教の祈りには詩篇の詩歌が沢山用いられている。それで詩篇の全篇をそっくり巻末などに載せる祈禱書もあるということは「序」において述べた通りである（21 頁）。

割礼（の祈り）

ブリット・ミラ brit mila

　ブリットは「契約」の意。ミラは、元は男性の性器の包皮（の一部）が切り取られたものを指すが、切除手術をも意味する。伝統的なユダヤ教の社会では、旧約聖書の教えに従って[1]、男児に対して生後8日目に一種の外科手術を施す。これは宗教的な儀式でもある。

　これに「割礼」という日本語訳が当てられる。「ルカによる福音書」はイエスの割礼を伝えている[2]。この儀式には、役割を分担する、当の男児の父親、モヘールと呼ばれる執刀の専門家、出席者一同の間で交わされる定式のやり取りがある。以下はその紹介である。「定式のやり取り」すなわち式文（祈り）には、特別の名称はないようである。「割礼」（ブリット・ミラ）は祈りの名称ではないが便宜上それに代わるものとさせていただく。

　祈禱書によりかなり異同があるので、翻訳者（筆者）がそれらを短く整理・編集した。異同とは、例えば2つの文章の順序が全く逆になっているなどである。なお祈りの冒頭に「エリヤの椅子」なるものが出てくる。式場（シナゴーグや個人宅）には特別の椅子が用意される。預言者、エリヤが式に臨席するのである[3]。モヘールが赤子を椅子に座らせて式は始まり、やはりモヘールが葡萄酒の注がれた盃を高く掲げて式は終わる。

[モヘール]これは預言者、エリヤの椅子です。（エリヤが）良きに覚えられますように。主よ、私はあなたの救いを待ち望む[4]。主よ、私は御救いを仰いで待ち、あなたの戒めを実行します[5]。契約の使者なるエリヤよ[6]、あなたの分は、あなたの前にあります。私の右に立ち、私を支えてください。主よ、私はあなたの救いを待ち望む。仰せを受けて私は喜びます、多くの戦利品を獲たかのように[7]。あなたの律法を愛する人には豊かな平和があり、つまずかせるものはありません[8]。

[父親]いかに幸いなことでしょう、あなたに選ばれ、近づけられ、あなたの庭に宿る人は[9]。

［一同］恵みの溢れるあなたの家、聖なる神殿によって、私たちが満ち足りますように [10)]。

［父親］世界の王、我らの神、主なるあなたは祝福されますように。あなたは戒めをもって我らを聖別され、父祖なるアブラハムの契約に、それ（割礼）を入れることを我らに命じられました。

［モヘール］世界の王、我らの神、主なるあなたは祝福されますように。あなたは戒めをもって我らを聖別され、割礼を我らに命じられました。

（ここでモヘールにより手術の執行）

［父親］世界の王、我らの神、主なるあなたは祝福されますように。あなたは、我らを生かし、我らを立たせ、我らをこの時に至らせました。

［モヘール］（ご臨席の）皆様。世界の王、我らの神、主なるあなたは祝福されますように。（あなたは）葡萄の実を作られる。世界の王、我らの神、主なるあなたは祝福されますように。（あなたは）愛するものを（母親の）胎にいるときから聖別し、その肉にしるしを置き、その子孫を聖なる契約のしるしで封印しました。それゆえ、その報酬として、生ける神よ、我らの受ける分よ [11)]、我らの岩よ、我らの肉のうちにある愛を破滅から救うよう命じてください。我らの肉に置かれた契約のゆえに。契約を結ぶ主なるあなたは祝福されますように。

1)　創 17：9-14。
2)　ルカ 2：21。
3)　「預言者エリヤ」（117 頁以下）の解説参照。
4)　創 49：18。
5)　詩 119：166。
6)　マラ 3：1 に「契約の使者」という言葉があり、これが伝統的にエリヤを指すとされる。同 3：23 参照。
7)　詩 119：162。
8)　詩 119：165。
9)　詩 65：5a。
10)　詩 65：5b。
11)　「受ける分」とは、神を指す言葉であるが、この表現については、詩 16：5, 119：57, 哀 3：24 など参照。

長子の贖い（の祈り）

ピドゥヨン・ハベン pidyon ha-ben

　ピドゥヨンとは「贖い」の意味。ハベンは「男児」の意、冠詞「ハ」付き。ここではハベンは「長子」、「初子」の意。ユダヤ教には、旧約聖書（五書）の戒めにしたがい、初子の男児を贖う（身請けする）習わしがある。「あなたの初子のうち、男の子はすべて贖わねばならない[1]」、「すべての初子は私のものだからである[2]」とある。贖いの儀式は生後1月目に男児の家で行う。男児に姉がいる場合は、長男であっても対象外となる。「ルカによる福音書」はイエスの贖いを伝えている[3]。祈禱書により異同があるので、短い、簡潔なものを選んで紹介する。上に紹介した「割礼」と同じで、「長子の贖い」も、このしきたりと儀式の名称であって、祈りの名称ではない。便宜上、祈りの名称に代わるものとさせていただく。

　儀式ではコーヘン（コーヘン姓の人）[4]が大事な役を演じる。祈り（式文）は、コーヘンと男児の父親との間の言葉のやり取りで構成される。儀式はコーヘンが男児を抱えるところから始まる。割礼は、ユダヤ社会の外でも、いたって有名であるが、「長子の贖い」はあまり知られていない。ユダヤ社会でも宗教的な人々の間でしか見られないしきたりであると思われる。

[コーヘン] この男児は初子です。神は彼を贖うように命じました。以下のように言われています。（すなわち）「初子は、生後1か月を経た後、銀5シェケル、つまり1シェケル当たり20ゲラの聖所シェケルの贖い金を支払う[5]」と。あなたが母のお腹にいたときは、あなたは天におられる父と（この世の）父母のもとにありました。今、あなたはコーヘンである私のもとにあります。あなたの父母はあなたを贖うことを望んでいます。あなたは聖なる初子だからです。たしかに（以下のように）書かれています。（すなわち）「主はモーセに仰せになった。すべての初子を聖別して私にささげよ。イスラエルの人々の間で初めて胎を開くものはすべて、人であれ家畜であれ、私のものである[6]」。

［父親］世界の王、我らの神、主なるあなたは祝福されますように。あなたは
　　　戒めをもって我らを聖別され、長子の贖いを我らに命じられました。
　　　世界の王、我らの神、主なるあなたは祝福されますように。あなたは我
　　　らを生かし、支え、このときまで至らせました。

（ここで父親はコーヘンにお金を渡す）

［コーヘン］この子の贖いのために、これら銀 5 シェケルを、あなたから受け
　　　取りました。さあ、この子はそれによって、モーセとイスラエルの法に
　　　則り贖われました。

1)　出 34：20 。
2)　民 3：13。
3)　ルカ 2：22-24。
4)　コーヘンは、レビ人から生まれた世襲の祭司（の家柄）で、神殿に仕えていたが、神
　　殿なきあとは、姓としてユダヤ人のあいだに残り今日にいたっている。朝の祈りの「祭
　　司の祝福」（63 頁）参照。
5)　民 18：16 。
6)　出 13：1, 2

旅立ちの祈り

トゥフィラット・ハデレフ tfilat ha-derech

　トゥフィラットは「祈り」を意味するトゥフィラの連語形。ハデレフは
「道」、「旅路」の意、定冠詞「ハ」付き。出立の際に旅の安全を願う祈りで
ある。核心部分は共通するのだが、短いものから長いものまで、数種類あ
る。下記、本文の第 1 の段落が核心部分であり、それだけを祈りとするもの
がある。それに第 2 の段落を続けるものがある。更に第 3 の段落を加えるも
のがあり、また第 3 の段落に代えて第 4 の段落を唱えるものもある。第 4 の
段落は「祭司の祝福」1) である。

　最近では日本の国際空港などの施設にも祈禱室（礼拝室）が見られるよう
になった。外国では、宗教ごとに専用の部屋が用意されていることもある。

197

我らの神、我らの父祖たちの神なる主よ、我らを平安の内に行かせ、平安の内に歩ませ、平安の内にお導きください。命と喜びと平安の内に我らの望みの場所に到らせてください。また道中にいるすべての敵、待ち伏せする者、盗賊、悪しき獣の手から、またこの世に降りかかるすべての苦難から我らをお救いください。我らの営みを祝し、あなたの目に、また我々を見るすべての人の目に、我らへの恵み、哀れみ、慈悲をお与えください。我らの願いの声をお聞きください。あなたは祈りと願いを聞かれる神だからです。祈りを聞かれる主なるあなたは祝福されますように。

　「ヤコブが旅を続けていると、突然、神の御使いたちが現れた。ヤコブは彼らを見たとき、『ここは神の陣営だ』と言い、その場所をマハナイム（2つの陣営）と名付けた[2]」。

　主よ、わたしはあなたの救いを待ち望みます[3]。「見よ、わたしはあなたの前に使いを遣わして、あなたを道で守らせ、わたしの備えた場所に導かせる[4]」。主は、ご自身の民に力をお与えになります。主は、平安をもって、ご自身の民を祝福されます[5]。

　主があなたを祝福し、あなたを守られるように。
　主が御顔を向けてあなたを照らし、あなたに恵みを与えられるように。
　主が御顔をあなたに向けて、あなたに平安を賜るように[6]。

1)　63頁。
2)　創32：2, 3。
3)　創49：18。
4)　出23：20。
5)　詩29：11（新改訳）。
6)　民6：24-26。

あとがき

　スィドゥールの日本語訳の先駆者となった長谷川真氏（1916-1996）は、キリスト教からユダヤ教へ転じた方である。

　私は長く旅行業に携わってきた者であるが、私のお客様のSさんが、なんと長谷川真氏の実の、しかも唯一人の妹に当たる方だった。私はSさんから『ユダヤ教祈祷書抄』の恵贈にあずかったのだが、それに添えられたご挨拶状に「私どもとは信仰も立場も異なることとなりましたけれども、彼の学者としての業績を尊重しその出版に協力することにしました」とあった。妹様の複雑な心の内を窺った次第である。亡くなった長谷川真氏の魂は何処へ行ったのだろうか。私などが立ち入れない領域のことであるが、それこそアドナイ・アシェル・ベシャマイム（天にまします我が主）にお任せするほかない。

　私はキリスト教のプロテスタントの信者の家庭に生まれ育った。プロテスタントの信者は色々な機会に「自由な」祈りを唱える習慣がある。家庭にあっては、皆が揃っての食事に際し、食前の感謝の祈りを当番でさせられたものである。「自由な」とは「定型でない」という意味である。いわば即興の祈りである。

　亡き父が毎夜、就寝の折り、床<ruby>床<rt>とこ</rt></ruby>に正座して静かに祈る姿が脳裏に残っている。父の祈りの内容は知るよしもないが、「自由な」祈りであったろう。日曜日の教会での礼拝においても、いくつかの自由な祈りが賛美や説教の前後に、牧師や当番の信徒によって唱えられる。

　プロテスタントに定型の祈りがないわけではない。「主の祈り」がある。「使徒信条」とそれを含む「信仰告白」も広義の祈りと呼べないこともない。礼拝の最後に教役者（牧師）が唱える「祝禱」[1]もそれに加えることができる。せいぜいこれくらいであろうか。カトリックの事情は詳しくないが、公私を問わず自由な祈りは習慣としてほとんどないと理解している。手元の

『カトリック祈禱書』[2] には、「主の祈り」や「使徒信条」（信仰宣言）の他に、多数の定型の祈りが記載されている。

　翻訳の作業をしていて、つくづく思うに至った。讃美歌、聖歌はプロテスタントの信者にとってまさにスィドゥールではないか、と。私は少年の頃、親しくしていたあるキリスト者の家庭で時々お昼をいただいたことがある。このお宅では、食前に感謝の讃美歌を一同で歌う習慣があった。その旋律と共に、「日々の糧を与え給う恵みのみ神は誉むべきかな」と言う古風な文句が懐かしく蘇ってくる。

　近年のインターネットの急速な発展で、タルムードやミシュナの英語訳を、いとも簡単に見ることができるようになったことに大変驚いている。「ゾハル」の原文と、その英語訳も閲覧できた。

　最後になりましたが、本書の出版を快くお引き受けくださった教文館様、また煩雑で困難な編集・校正の作業を進めてくださった髙橋真人様はじめスタッフの方々に改めてお礼申し上げます。

2024 年 6 月 1 日　埼玉県入間市にて

吉見　崇一

---

1)　「主イエス・キリストの恵み、神の愛、聖霊の交わりが、あなたがた一同と共にあるように」（Ⅱコリ 13：13）。
2)　東京教区司祭協議会刊、1995 年。

付　録

1　訳者所蔵のスィドゥールの紹介

　たまたま私の手元にある 16 冊（16 種類）のスィドゥールの表題（とその日本語訳）、対訳があれば、その言語、発行年、発行地、ページ数、大体の大きさ、そして「版」を記す。さらに特筆すべき特徴があれば手短に紹介する。イスラエルで出版されたものの中に、その発行の都市を特定できないものがある。その場合は「イスラエル」とした。

　ユダヤ教（の正統派）には幾つかの流儀があり、祈禱書はそれぞれ、その流儀にしたがって編集され、大抵「○○○版」と銘打つ。有名な流儀は、スファラディとアシュケナジと呼ばれるものであるが、ほかにミズラヒ（東洋系、中東系）、モロッコ系、またイタリア系もある。

　表の末尾に『ユダヤの祈り ── 祈りのこみち』を参考として付記する。

『コール・イスラエル』kol yisrael（イスラエルの声）
　　ヘブライ語　1970 年、テルアビブ、403 ページ、ポケットサイズ
　　スファラディ版

『アハバット・シムオン』ahabat shimon（シモンの愛）
　　ヘブライ語、1984 年、アシュケロン、432 ページ、A5 判
　　スファラディおよびミズラヒ版

『ヨセフ・ハイム』yosef chaim
　　ヘブライ語　発行年不詳　エルサレム　576 ページ　B6 判
　　スファラディおよびミズラヒ版（表題は 19-20 世紀初頭のバグダッド出身の
　　学者の名前。ピルケ・アボットを全文掲載）

『マハゾール・ハシャレーム』machazor ha-shalem（完全なマハゾール）
　ヘブライ語、1966 年、ニューヨーク、500 ページ、ポケットサイズ
　訳者所有の唯一のマハゾール。イスラエルの「大統領府」というゴム印が
　押してあるが、実物は至ってつつましいものである。廃棄処分となって古
　書市場に出たらしい。エルサレムの古書店で購入。

『シュマア・コレーヌー』shmaa kolenu（我らの声を聞いてください）
　ヘブライ語・ドイツ語対訳、2000 年、バーゼル／チューリッヒ、699 ペー
　ジ、A5 判（祈禱書の表題は、スリホットの祈りのひとつ、「シュマア・コレー
　ヌー」から来ているのだろうか。版の断りが見当たらないが、アシュケナジ版
　と思われる）

『イムレ・エフライム』imre efraim（エフライムの言葉）
　ヘブライ語・英語対訳、1985 年、ニューヨーク、1094 ページ、A6 判
　スファラディ版（巻末に詩編の全編を掲載）

『ベット・トゥフィラ』bet tfila（祈りの家）
　ヘブライ語、1990 年、エルサレム、890 ページ、A6 判
　アシュケナジ版

『アボダット・ハレブ』abodat ha-leb（心の礼拝）
　ヘブライ語・英語対訳、1994 年、ニューヨーク、597 ページ、B6 判
　スファラディ版

『アボダット・イスラエル』abodat Israel（イスラエルの礼拝）
　ヘブライ語・英語対訳、1975 年、テルアビブ、592 ページ、B6 判
　（「イスラエル」は、ユダヤ人（民族）をさすのだろう）

『トゥフィラ・レダヴィッド』tfila le-david（ダビデの祈り）
　イタリア語・ヘブライ語対訳、2001 年、ローマ、526 ページ、B6 判

イタリア版（ちなみに詩篇 17 篇と 86 篇の表題が「ダビデの祈り」である新共
同訳は、この表題をなぜか「祈り。ダビデの詩」と訳している。新改訳は「ダ
ビデの祈り」である）

『ヴェザラハ・ハシェメシュ』ve-zaracha ha-shemesh（太陽は昇る）
　ヘブライ語、出版年不詳、エルサレム、674 ページ、A5 判
　モロッコ版

『アボダット・ハシェム』abodat ha-shem（御名の礼拝）
　ヘブライ語、2003 年、イスラエル、735 ページ、B6 判
　スファラディおよびミズラヒ版

『セデル・トゥフィロット』seder tfilot（祈りの次第）
　イタリア語対訳、1995 年、トリノ、421 ページ、A5 判
　イタリア版

『ハスィドゥール・シェリー』ha-sidur sheli（私のスィドゥール）
　ヘブライ語、1985 年、イスラエル、66 ページ、14 cm x 14.5 cm
　（子ども用、色刷り、写真多数　いかにも子ども用の体裁）

『シャアレ・トゥフィラ』shaare tfila（祈りの門）
　英語・ヘブライ語対訳、1975 年、ニューヨーク、779 ページ、A5 判
　（"Gates of prayer" という英語の名称も付されている。改革派の祈禱書）

『スィドゥール・コレン』sidur koren（コレンの祈禱書）
　ヘブライ語、2017 年、エルサレム、816 ページ、A6 判
　アシュケナジ版（コレンはエリヤフー・コレンが 1961 年にエルサレムに立ち
　上げた出版社で、 聖書をはじめユダヤ教の宗教書を手がけている）

『ユダヤの祈り ―― 祈りのこみち』

日本語／ヘブライ語、2001 年、アメリカ／ワシントン州、203 ページ、A5 判（非売品。訳者はロイ・真・長谷川。上記、アメリカ、改革派の『シャアレ・トゥフィラ』（祈りの門）の部分訳）

2　カトリックの祈禱書

　手元に東京教区司祭協議会編の『カトリック祈祷書』（284 ページ、1995 年）がある。キリスト教においては、祈りといえば「主の祈り」をおいてほかにない。この祈禱書でも目次の次のページに真っ先に主の祈りが記載されている。また、主の祈りはカトリックの中心的な儀式であるミサの中で唱えられるだけでなく、この祈禱書によると、たびたびほかの機会にも唱えるよう促されている。同祈禱書に何回も主の祈りが繰り返し印刷されているのは、スィドゥールにおける特定の祈りの記載の繰り返しと共通している。ただあまりに不必要な繰り返しを避けるために、「主の祈り」とのみ記して、祈りの本文を掲載しない箇所も多々ある。

　キリスト教信仰の基本ともいうべき「使徒信条（信経)」は、いわゆる祈禱ではないが、広義の祈りということができる。これも二箇所に載っている。「使徒信条」はある意味でユダヤ教の「信仰の 13 箇条」に似ていると言えまいか。面白いのは、この大切な「信条」だが、二つとも目次には一切現れないことである。これに似た現象はスィドゥールにおいてもよくあり、特定の祈りを探そうと、目次をめくっても、それが目次に見当たらないということが多々ある。大きな祈り（大項目）の中に特定の祈り（小項目）が埋没してしまうのである。

　この祈禱書の後半に「聖書抄」、またほぼ同量の「詩編抄」(「聖書抄」とは別に）が置かれ、二つを合わせると、書物全体の約半分に迫る分量となっている。

3　聖公会の祈禱書

　日本聖公会（管区事務所）も『祈祷書』を出している。手元の 1999 年版は、ほぼ 930 ページある。ここにも「主の祈り」と「使徒信経」(ときには「ニケア信経｣）が繰り返し掲載されている。にもかかわらず何故か目次に、この

二つは決して現われない。例外は、末尾に付録として掲載されている「アタナシオ信経」[1] なるものが、目次に現れることである。

　聖公会の祈禱書の特徴は最後尾に詩編が全編掲載されていることである。分量にして書物全体の実に 4 分の 1 強である。スィドゥールにも詩篇の全篇を掲載したものがあることはすでに指摘した。キリスト教にとっても、ユダヤ教にとっても詩篇は祈りの宝庫であるということである。

---

1)　三位一体を述べた信経（信条）で、歴史的文書として収録されているらしい。記載されているからと言って、聖公会の礼拝で唱えることがあるわけではないようである。

4　『シドゥール〈祈りのポケットブック〉』

　その名も『シドゥール』と名付けられた日本語の冊子がある。「祈りのポケットブック」という副題の付くこの祈禱書（約 190 頁、非売品）は、ピリポ聖書研究会（の久能木信宏氏）の編集になるものである。初版は 1996 年であるが、現在は絶版となっている。いみじくも「シドゥール」と銘打つが、キリスト教信徒向けの祈禱書である。編集者は、ユダヤ教の祈禱書をよく理解されており、それを構成に生かしている。目次にこそ現れないが、使徒信経（使徒信条）と主の祈りは、「朝の祈り」の中にしっかりと含まれている。

　以下の 5 つの大項目からなる。

　　Ⅰ　日々の祈り
　　Ⅱ　聖書と宣教
　　Ⅲ　自由な祈りのために
　　Ⅳ　聖書の言葉
　　Ⅴ　主の日のために

　参考までに、「日々の祈り」の部分だけ見出しを紹介すると、以下のようになっている。

　　①朝の祈り　②昼の祈り　③夕の祈り　④寝る前の祈り

5　ギリシア正教の祈禱書

　「ギリシア正教」は西のローマ教会と袂を分かった、いわゆる東方正教会

の総称である。東京の神田駿河台にあるニコライ堂（正式には東京復活大聖堂）はこのギリシア正教の流れを汲むものである。正教会の礼拝（「奉神礼」と言う）は、まさに祈禱書に従って営まれるようだ。教役者と信徒が、それぞれ独自の祈禱書を持ちつつ、一体となって礼拝を進めるようである。筆者にはそれを説明するだけの知識がない。

　ニコライ堂で『家庭祈祷集』（編集・日本ハリストス正教会西日本主教教区）なる 70 ページの冊子を求めた。あとがきに「携帯用祈禱書として編集したもの」とあるように、一般の信徒の日々の祈りが記載されており参考になる。

　日本の正教会では、いわゆる「主の祈り」を「天主経」と呼ぶ。またいわゆる「信条」を「信経」と呼び、信経としては「ニケヤ・コンスタンティノープル信仰箇条」が採用されており、この祈禱集にも記載されている。

6　イスラムの祈り

　イスラムについては日本人研究者の執筆陣による日本語の辞典、事典が少なくとも 3 つもある。以下がそれである。

　『イスラーム辞典』東京堂出版、1983 年、388 ページ[1]

　『イスラーム辞典』岩波書店、2002 年、1247 ページ

　『新イスラム事典』平凡社、2002 年、657 ページ

　これら 3 つの辞典（事典）に共通していることは、「祈禱書」の見出し語（項目）がないことである。イスラムには祈禱書と呼ばれるものがないわけではないようだが、それは広く一般に流布するような性格のものではないと思われる。

　平凡社の『新イスラム事典』には「祈り」の項目はないが、巻末の索引に「祈り」がある。それをみると、「ドゥアーを見よ」とある。「ドゥアー」には以下の説明がある。

　　　本来、ドゥアーは自由な祈りとして神に何を何語でどのように祈願してもよかったのであるが、後に一定の型ができてくる。たとえば「罪の赦しを乞う祈願」「庇護を求める祈願」「預言者への祝福を神に求める祈

願」などがある。〔中略〕（それらが）多くの祈禱書や修道書の中に引用され、伝えられている。

（執筆・中村廣治郎氏）

　繰り返すが、ここで言われている祈禱書がイスラムの社会に流布している様子はない。上の説明でわかったのは、ドゥアーこそ自由な祈りのことのようである。

　ところで、クルアーンから祈りを抽出して、「30のドゥアー」、「40のドゥアー」という「祈り集」をインターネット上でみかけた。これを印刷し、製本すれば祈禱書になる。すでにそういうものが、イスラム社会にあるのかもしれない。

　ついでながら、『新イスラム事典』には「信仰告白」の項目はないが、索引にはそれがあり、「シャハーダを見よ」とある。シャハーダはまさに「信仰告白」を意味するアラビア語である。シャハーダの文言は「アッラーフのほかに神はなく、ムハンマドはアッラーフの使徒である」という2つの節からなる極めて短い簡潔なものである。

　イランはシーア派の国として知られるが、ここには独特の現象がある。この国にはイスラムの礼拝堂であるモスクのほかに「イマーム・ザーデ」と称する施設（建物）がいたるところにある。その外観からは、素人目にはモスクとの区別は難しい。イマーム・ザーデとは、「イマーム（教主）の子孫」という意味だが、その人々の名をいただく墓・廟を指す言葉でもある。イマームの子孫に限らず、亡くなった高潔な人物の霊廟もイマーム・ザーデとなる。霊廟であるが、ここに人々は個人的な祈りを携えて三々五々やってくる。たいてい建物の中心に墓（墓標）があり、人々は墓や、それを囲む柵に触れながら祈りをする。墓の主に神への仲介を依頼している構造である。このとき人々は祈禱書などを手にしていない。人々が念じているのは即興の祈りにちがいない。多くは願いごとであろう。

　今日のイランのシューシュ（旧約聖書のスサ）には、旧約の人物であるダニエルのイマーム・ザーデがあり、土地の人々の祈りを引き受けている[2]。

1) 「辞典」と銘打つが、50音順に語彙（項目）を並べて逐次その解説をするという体裁で

はない。しかし、巻末の索引で関係の語彙が網羅されているので、辞典的な活用ができる。

2) イスラムの人々は、ダニエルを旧約聖書の人物としてではなく、イスラムの言わば聖人（預言者）として崇敬している。

「立禱（アミダ）」の 19 の祈り一覧

1　［族長たち］　アヴォット

2　［（神の）力］　グヴロット

3　［御名の神聖さ］　ケドゥシャット・ハシェム

4　［理解力］　ビナ

5　［悔い改め］　トゥシュヴァ

6　［赦し］　スリハ

7　［贖（あがな）い］　ゲウラ

8　［癒（いや）し］　レフア

9　［年々の祝福］　ビルカット・ハシャニーム

10　［離散からの集合］　キブーツ・ガルヨット

11　［公正］　ディン

12　［異教徒への呪い］　ブラハット・ハミニーム

13　［義人］　ツァディキーム

14　［エルサレムの建設］　ビンヤン・エルシャライム

15　［ダビデ家の支配］　マルフート・ベット・ダヴィッド

16　［祈りの聞き入れ］　カバラット・トゥフィラ

17　［礼拝］　アヴォダ

18　［感謝］　ホダア

19　［平安］　シャローム

索　引（祈りおよび祈り群の名称）

日本語

（贖う方が）シオンへ来られる　*76*
あなたがたに平安があるように　*103*
〈安息日明け〉　*111*
安息日前夜の聖別　*102*
（安息日の朝の祈りの）立禱　*122*
〈安息日のお迎え〉　*92*
（安息日の午後の祈りの）立禱　*124*
（安息日の追加の祈りの）立禱　*123*
（安息日の夕の祈りの）立禱　*121*
〈安息日の「立禱」〉　*121*
（イスラエル国防軍の戦没兵士）追悼記念
　　　日の祈り　*165*
イスラエルを守る方よ　*74*
言われた方は祝福されますように　*46*
海の歌　*48*
永遠の愛　*50*
エルサレムの建設　*171*
〈数々の讃美の句〉　*45*
割礼（の祈り）　*194*
〈カディッシュ〉　*187*
（神が）覚えてくださるように　*183*
（神の）裁きの受け入れ（長い版）　*179*
（神の）裁きの受け入れ（短い版）　*181*
神よ、怒るに遅い方　*71*
仮庵の祭り　*159*
彼（神）は憐れみ深く　*72*
聞け、イスラエルよ　*51*
希望　*167*
（玉座に）座る王なる神よ　*130*
国の安寧の祈り　*166*
（契約の箱が）進むとき　*107*
孤児のカディッシュ　*189*
これらは（規定のない）事柄である　*29*
さあ行きましょう、私の愛する者よ　*94*

祭司の祝福　*63*
祭司の祝福（ピュート）　*64*
幸いなことか　*47*
懺悔　*68*
慈愛なる父よ　*184*
慈愛に満ちる神よ　*184*
〈（死者の）魂の追悼〉　*183*
（死者の）横たえ　*177*
七週の祭り　*158*
死の床の告白　*176*
慈悲深い方　*172*
詩篇 92、93 篇　*93*
詩篇 95-99 篇、および 29 篇　*93*
18 連禱（立禱）　*55*
祝福した方　*110*
主なるあなたは祝福されますように　*31*
（主なる）あなたは（すべての罪を）投げ
　　　込まれる　*137*
主なる神よ　*99*
（主の）御名は祝福されますように　*108*
主はヤコブに語られた　*115*
（主を）賛美するのは我らの務めです　*80*
ショアの（犠牲者の）亡骸の追悼　*163*
ショアの殉難者の追悼　*162*
新月の祝福　*126*
〈信仰の 13 条〉　*39*
信仰の 13 箇条　*40*
真実で確かです　*84*
真実で揺るぎなく　*53*
過ぎ越しの祭り　*157*
救いよ、起きよ　*109*
すべて生けるものの魂　*105*
すべての誓いを（遺憾に思います）　*150*
聖別　*62*
世界の支配者よ　*88*
世界の主よ　*38*

〈戦没兵士追悼記念日と独立記念日〉 165
大地の祝福 170
大ハレール 193
高められますように 41
旅立ちの祈り 197
食べ物を与える方の祝福 169
魂の愛しいものよ 91
タリットの着用 36
誰が、あなたのようでありましょう 85
〈嘆願〉 68
誓いの取り消し 138
父が（子たちを）慈しむように 130
長子の贖い（の祈り） 196
ツィツィットの着用 28
月の聖別 127
（罪の）贖い 146
罪を（許してください） 147
手の浄め 26
どうぞ、御力によって 93
トゥフィリンの装着 37
〈トーラーの取り出し〉 107
トーラーの祝福 30
砦よ、岩よ 152
〈ナチス迫害記念日〉 161
七週の祭り 158
何をもって（ランプを）灯していいか 97
何と素晴らしいことか 35
（眠りの縛りを）投げかける方 89
墓参りの祈り 186
（ハヌカの）奇跡について（感謝します） 154
〈ハレール〉 192
ハレール 192
半カディッシュ 188

光を造る方 44
（人を）形創られた方 27
（プーリームの）奇跡について（感謝します） 156
埋葬後のカディッシュ 182
満カディッシュ 190
御使いよ 87
〈3つの巡礼の祭り〉 157
3つの場合の祝福 174
（御名が）賛美されますように 49
休まれた神へ 101
有能な妻 104
夕べをもたらす方 83
豊かな愛 49
善きものにして善をなす方 172
預言者エリヤ 117
立禱（18連禱） 55
我が神よ、魂は 30
分け隔て 112
分け隔てる方 113
私の神よ、お守りください 67
私は感謝します 26
私は信じます 43
我らに答えてください 133
我らの神のような方はいません 79
我らの声を聞いてください 131
我らの師匠たちのカディッシュ 191
我らの父、我らの王よ 140
我らは（その）正当性を宣言しましょう 143
我らは罪を犯しました 69
我らを赦してください 129
我らを横たわらせてください 86
我々は分からないのです 75

ヘブライ語

アヴ・ハラハミーム　184
アヴィーヌー・マルケーヌー　140
アシェール・ヤツァール　27
アシャムヌー　69
アシュレ　47
アズカラ・レクドシェ・ハショア　162
アティファット・タリット　36
アドン・オラーム　38
アナ・ベコーアッハ　93
アニ・マアミン　43
アネヌー　133
アハバ・ラバ　49
アハバット・オラーム　50
アマール・アドナイ・レヤアコヴ　115
アミダ　55
アル・ハニスィーム（ハヌカの）　154
アル・ハニスィーム（プーリームの）　156
アル・ヘット　147
アレーヌー・レシャベアハ　80
イェクーム・プルカン　109
イェディッド・ネフェシュ　91
イグダル　41
イシュタバッハ　49
イズコール　183
ヴァアナハヌー・ロー・ネダア　75
ヴァイェヒー・ビヌソア　107
ヴィドゥイ　68
ヴィドゥイ・シュヒーヴ・メラア　176
ウヴァー・レツィオン　76
ヴェフー・ラフーム　72
ウネタネ・トケーフ　143
エールー・ドゥバリーム　29
エシェット・ハイル　104
エメット・ヴェエムナ　84
エメット・ヴェヤツィーヴ　53
エリヤフー・ハナビ　117
エル・アドン　99
エル・エレフ・アパイム　71
エル・マレ・ラハミーム　184
エル・メレフ・ヨシェーブ　130

エロハイ・ネシャマ　30
エロハイ・ネツォール　67
エン・ケエロヘヌー　79
〈カディッシュ〉　187
カディッシュ・アハル・ハクヴラ　182
カディッシュ・シャレーム　190
カディッシュ・ドゥラバナン　191
カディッシュ・ヤトーム　189
〈カバラット・シャバット〉　92
カパロット　146
キドゥーシュ・レヴァナ　127
キドゥーシュ・レール・シャバット　102
ケドゥシャ　62
ケラハーム・アヴ　130
コール・ニドゥレ　150
シーラット・ハヤム　48
シャヴオット　158
シャローム・アレーヘム　103
〈シャロッシュ・レガリーム〉　157
シュマア・イスラエル　51
シュマア・コレーヌー　131
シュモネ・エスレ　55
〈シュロシャ・アサール・イカリーム〉　39
シュロシャ・アサール・イカリーム　40
ショメール・イスラエル　74
ズィカロン・レハラレ・ハショア　163
スコット　159
スラッハ・ラヌー　129
タシュリーフ　137
〈タハヌーン〉　68
ツィドゥーク・ハディーン（長い版）　179
ツィドゥーク・ハディーン（短い版）　181
トゥフィラット・シュロム・ハメディナ　166
トゥフィラット・ハデレフ　197
トゥフィラット・ヨム・ハズィカロン
　　（・レハラレ・ツァハル）　165
ニシュマット・コール・ハイ　105
ネティラット・ヤダイム　26
ハヴダラ　112
ハシュカヴァ　177
ハシュキヴェヌー　86

〈ハズカラット・ネシャモット〉 183
ハタラット・ネダリーム 138
ハッツィ・カディッシュ 188
ハティクヴァ 167
ハトーヴ・ヴェハメティーヴ 172
ハナハット・トゥフィリン 37
ハマアリーヴ・アラヴィーム 83
ハマヴディール 113
ハマピール 89
ハマルアッハ 87
バメ・マドゥリキン 97
ハラハマン 172
バルーフ・アタ・アドナイ 31
バルーフ・シェアマール 46
〈ハレール〉 192
ハレール 192
ハレール・ハガドール 193
ピドゥヨン・ハベン 196
ビルカット・コハニーム 63
ビルカット・コハニーム（ピュート） 64
ビルカット・ハアレツ 170
ビルカット・ハザン 169
ビルカット・ハホーデッシュ 126

〈ビルカット・ハマゾン〉 169
ビルカット・ベット・アラミン 186
ビルホット・ハトーラー 30
ビンヤン・エルシャライム 171
〈ブスケ・ドゥズィムラ〉 45
ブリット・ミラ 194
ペサハ 157
ベラハ・メエン・シャロッシュ 174
ベリーフ・シュメ 108
〈ホツァアット・セフェル・トーラー〉
　　107
マー・トヴー 35
マオーズ・ツール 152
ミー・カモハ 85
ミー・シェベラーフ 110
〈モツァエ・シャバット〉 111
モデ・アニ 26
ヨツェール・オール 44
ラエル・アシェル・シャヴァット 101
ラビシャット・ツィツィット 28
リボノ・シェル・オラーム 88
レハー・ドディー 94

《編訳者紹介》

吉見崇一 （よしみ・しゅういち）

　　1944 年 5 月長崎市生まれ
　　1970-1973 年　イスラエル各地のキブツに滞在
　　1978-1982 年　エルサレム在住
　　　　　　　　　内 4 年間ヘブライ大学旧約聖書学科に在籍
　　　　　　　　　かたわらガイド業に従事
　　1986-2024 年　旅行業

著　書

　『ユダヤ人の祭り』エルサレム文庫、1986
　『ユダヤの祭りと通過儀礼』リトン、1994
　『ユダヤ教小辞典』リトン、1997
　『イスラエルの旅』（ガイドブック）共著、昭文社、1990

ユダヤ教の祈り ── 祈禱文と解説

2024 年 6 月 30 日　初版発行

編訳者　吉見崇一
発行者　渡部　満
発行所　株式会社　教文館
　　　　〒 104-0061 東京都中央区銀座 4-5-1
　　　　電話 03(3561)5549　　FAX 03(5250)5107
　　　　URL　http://www.kyobunkwan.co.jp/publishing/

印刷所　株式会社　平河工業社
配給元　日キ販　〒 162-0814 東京都新宿区新小川町 9-1
　　　　電話 03(3260)5670　　FAX 03(3260)5637
ISBN　978-4-7642-7486-0　　　　　　　　　　　Printed in Japan

教 文 館 の 本

手島佑郎

ユダヤ教の霊性

ハシディズムのこころ

四六判 234頁 1,800円

18世紀東欧で興ったハシディズム運動は、ブーバー、ヘシェルらの思想家をはじめ、現代のユダヤ文化に多大な影響を与えた。その独特な求道の実践法をわかりやすく紹介。ユダヤ人の宗教生活の内面にまで踏み込んだ貴重な解説書！

勝又悦子／勝又直也

生きるユダヤ教

カタチにならないものの強さ

四六判 352頁 2,500円

歴史の中で幾度も存亡の機を乗り越えてきたユダヤ人。彼らを支えたユダヤの教えや発想法から、この世を力強く生き抜く知恵を体得する！ 賢者たちの生涯に触れ、聖典や典礼詩を味わうことで、奥深いユダヤ教の諸相を学ぶ入門書。

J. ニューズナー　山森みか訳

ユダヤ教

イスラエルと永遠の物語

四六判 418頁 2,800円

現代ユダヤ学の碩学ニューズナーが、ユダヤ教の辿ってきた変遷と、現代における諸矛盾を明らかにする。ラビ文献を多く引用し、「日常生活における信仰の実践」の視点から、物語るようにユダヤ教の世界を紹介するユニークな入門書。

A. コーヘン　村岡崇光ほか訳

タルムード入門

　　　　　Ⅰ　四六判 296頁 2,500円
　　　　　Ⅱ　四六判 272頁 2,500円
　　　　　Ⅲ　四六判 288頁 2,600円

700年に及ぶラビたちの研究と議論から生まれ、今日のユダヤ人にも聖書に次ぐ位置のタルムードは、宗教的洞察と知恵の宝庫、インスピレーションの源泉である。半世紀以上も読み継がれてきた名著の翻訳。第Ⅲ巻に詳細索引。

石川耕一郎／三好 迪訳　　　［オンデマンド版］

〈ユダヤ古典叢書〉

ミシュナⅠ ゼライーム

A5判 420頁 7,300円

ラビたちが口伝で受け継いできた教えの集大成であり、「タルムード」の中核をなすユダヤ教聖典の基本書。イエス時代のユダヤを知るためには不可欠のものである。第Ⅰ巻では祈禱・農耕・農作物・献納物などについて取り扱う。

長窪専三／石川耕一郎訳

〈ユダヤ古典叢書〉

ミシュナⅡ モエード

A5判 484頁 5,700円

聖書で禁じられている安息日における「仕事」とは具体的にはどんな行為なのか。主要な祭日（モエード）である過越祭や仮庵祭をどのように祝うのか。安息日・祭日の諸規定を取り扱う、ユダヤ教口伝律法の第Ⅱ巻。

長窪専三訳

〈ユダヤ古典叢書〉

ミシュナⅣ別巻 アヴォート

A5判 144頁 2,500円

ユダヤ教の賢者たちの人生訓を収録した格言集。全ミシュナの要約として最高の地位を与えられ、「ピルケ・アヴォート」の名でミシュナ中の一編という枠を越えて親しまれてきた、ユダヤの知恵の精髄。詳細な注・解説つき。

上記価格は本体価格（税別）です。